Zoran Minderović
BLAGODETI NIŠTAVILA

Urednik
JOVICA AĆIN

Recenzent
Prof. dr PETAR PJANIĆ

ZORAN MINDEROVIĆ

BLAGODETI NIŠTAVILA

Paramemoar

RAD

1. Kudgod se okrenem, ili prenem, tu nešto neodređeno, sumnjivo, zabašureno. Mislim: da li sam ja ja? Ko je tamo? Ko je tu? Ništa. Ako sebi pošaljem pismo, ono stigne, naravno, bez problema, ali ne znam, i niko ne zna, ko ga je poslao. Iz dana u dan, čitam ta pisma, razabiram, tražim neki znakovod. Čujem glasove koji nisu (a jesu) moj. Razloge za postojanje – tražim, bez dokaznog materijala. Ponekad se i probudim, ali to je d(r)uga priča. Uzgred, noći obično traju snanonoćno, pa nemam pribežište za uzvrat. A ima i problema. Na primer, kažu mi da *trajanje* u principu traje bez vidnijih prekida. Naravno, to mi kažu glasovi koje ne vidim. Preciznije, ono što ne mislim – ne doživljavam; ono što ne čujem – ne vidim; a u sumraku, koji obuhvata neobuhvatno, ne naziram obrise slučajnih neprohoda. Stanem, a nestajem, jer druge poruke nema, a nema ni poruke koju sebi pišem, bez svesti, iz dana u nedogled. Da pitam za nastavak. Biće mi saopstava da je suština egzistencije košmarica prerezanog zakašnjenja, pri prijemu u lesonitsku domovinu. Bajke prolaze.

Ako zamislim da mi Ništavilo dozvoljava da ga opisujem (odumrlom rečju), prenosim, možda, traljavu varljivost na svoju uličnu neodgovornost. Pri nesnosnom sunovratu epistemološke jektike ništavna, nikukavna dubina, dubljivost, jer neće prodreti samohodna samo... Upravo saznah da ništavilo poseduje neke neobične, i ne prikladne osobine,

2. Šlogao bi ga za tref, ali ne mogu, jer slike od. No deduktivna krljušt, svega bi mi, a ni li. Pred očima mi u

isto vreme izgrebane bačije, Pančićeva gomorika i sodomika, medicinska stada koja izviru u milionskim prekipima, svemučilište uobičajenosti, smogrma stigmatematike, likom sputana bespuća, pa sad rastr(a)gaj sedmim. Stanem, a ono se prožme utihom sile. Ne stanem, a ono se oblizuje papcima sumora. U ovom pokretu ima drugih likova, ali trenutno me osmatra samo kinesko svetilište pred bibliotekom na gradele, gde žrtvovani nacrti vajaju ruglom posuvraćene *podrške* nesuvisloj nesamilosti. Jasnije rečeno, da. Drugim rečima, svemožna smrt se jako vređa kad joj pod nos podnose nekakve kumire, gumenim psilogizmima prekrojene sunovrati, memorije i nemorije, tuge i rastuge. Svatih, prekasno, da je reč, da je uvek, beskonačno, reč o slabašnoj pobuni protiv ništavila, pobuni čiji je nečujni simbol kinesko svetilište, odar nebićem odranima, oltar pogrešne ličnosti, uzalud, zaluđeno. Želeo, bih, kao ličnost, u principu, nekakvo principijelno rešenje pitanja nebića.

Na primer, pored kineskog oltara mir, smrt prima državljanstvo i sve prikladna papiriće o prava gr(a)đanstva, i sve pada na svoju metu, svi srećni, i ništavilo i bićštavilo, bez cinizma i nepostojinske jame. Ali ne, smrt reaguje, pati sbog uvrede, stavlja na tapet, optužuje uništeno kinesko trojstvo, izmišlja, na licu mesta, retoriku, izukrštanu trepeljikama o implicitnoj krivici trećine kineskog, ili bilo kog, stanovnishtva za *grozne* zločine, Bergsonove, ili bilo čije, protiv ujedinjene satanističke imperije.

3. Ođutim, vratimo se adama vodoskočanjenosti (obori mi kosti), dok je purpur. U kreštanju je značenje, naočito teorija blatatističkog. Jednom obudovelo, pitam se, pitamo, bez prekida, i rat i ja, čemu je uzrok i kako je započelo pretopovski. Pitate odgovor koji zna. Odgovor je (to će se ponoviti): znanje. Prema svim istorijama biologije (sada nema nazad, nema zapad, ima otpad) krivo je znanje, tojest neodgovorno posedovanje istog. Treba samo ne čitati. Posedovanje nekakvog znanja koje, po stropoštanoj definiciji, nije dostupno drugima, ili bilo ko-

me, ili sebi na nebi, otvara privlačne vidike samoživost. Eto, sada, od Kulina Nedraga do grožanstvenog Markineza okrunjene vododerine, prilike da se istovremeni profesor filozofije i nemački čarapar obrati publici pregrshtima uopshtavanja koja su nerazumljiva razumu, dozumu, izumu, naumu, preumu, čemumu, a naročito neposvećenim masama pokojnih blatobrana bez fakulteta. Pogotovu kad nepribrano razodabrani sebi prizivaju arhaično-zduhovno pravo na dolapriornu genijalnost, po raskrečenim merilima nemačke đakovnijne ćurukese. Shodno tim papcima, diljem nezavrsnih uniberziteta i drugim glasila međukrajnog pantelejmonskog onanizma, i diljem prevashodnog obdana, diže se, kamašnom, nova mudroparnost, sholastičarski bezobrazluk, i slinačno, pogotovu po kakademijama manjih rovova i kulturnjačkih zvrleti.

Od pojma do gnojma!

4. Nema veze, jer vukopitnost, odnosno vukojebinarnost, oko opšte opatologije ne prime nikljakav predujam, očito nameroučenijem: pogledajte, vozimo jargumentaciju, od poliva do doliva, svedeno, vonjem, na aksiometičarske teze o uništenju Momčila Nastasijevića. Uzgred, neki veruju, kredom, da će is Ništavilo spasiti od ratova, dinamičnih pošasti, magnovenulog razaranja, učestale smrti, itd. Ništavilo nije tako naivno. Recimo, eto vidim ratne scene u kojima prepametne bombe ubiju, onda vaskrnu (Klauzevic i Hrist u Direnmatovom tunelu) – kako bi čoveka opet ubile, i tako ad infinitum. Ne samo što je rat *infinitezimalna* regresija (da je samo agresija!), nego i Ničeov večiti dovratak; drugim rečima, svaka se katastrofa povraća. Na istovetrometnom uglu, tamo, vidim, teorije li – teratološke, sve jedan do jednog, u istom pantomimohodu, svracionalizacije, intelektualne jaruge i podruge. Apstraktni princip, prema Hegelu: Nastasijevića treba uništiti! Pitajte Ništavilo! Zašto? Nije pristao da mu se ime promeni, post mortem, postem festum et ipso facto u: Natotijević! Ratovi se vode isključivo na lingvističkoj bazi i novogradnji. U stvari: Satanotijević, ali su izabrali Nato-

tijević, da se Vlaji – na promaji – ne opsete. Prvo su uništili Nastasijevićeva sabrana dela. Tajno. Bešumno. Nije uticalo na berzu smrada. Zatim, eskalacija (putevi Ništavila su nedotupavni) – da uništimo (fizički, metafizički, neotički, deontički i razrogačajno) sve pojedinci, mrtve ili žive, koji se služe Nastasijevićevom tkzv. maternjom melodijom, da ne kažem jezikom.

Učinjeno, ništa lakše. Da naše lepo nečovečanstvo kojim čudom zna, kao što ne zna, da su na redu sledeći glogički skupovi: ljudi koji govore indoevropske jezike; ljudi koji ne govore indovropske jezike; ljudi koji govore; ljudi koji ne govore; ljudi koji postoje; ljudi koji ne postoje; život kao takav; život kao nikakav. A to je tek početak, dok gluva jeka skrominja.

5. Odakle li to zlopostanje, o čijim visprenosti snanonoćno romori malaksali štampasi, a tek nesuvisli necivilizacijski bašibozluci bez sportfelja? U zaostatku propalog vremena, svima pružamo osovinse razgalimatijase za poneštvo, izmirivši ritualna okapanja sematičkim vulkanom. Nestajem, a mislim na narečja. Svest mi nestaje, a sanajrim o paklenim osnovama zbijalektičkog meta-nihilizma u prahu *sna* snenog iščeslih p(a)rakleti koje, kletimice, rasturaju raskrinkane neontologije. Uvek se kasno sećamo. Recimo, ali ne recimo, magličaste ličnosti duševnog proboja – drukčije zaboravljeno, oslobođeni slojevi mog bivšeg postojanja ponekad izviri kako bi napojili sadomazohilozoistička nemušti slanjivog raskrava. Mislim na smrt – smrt misli na mene; trenutno rasdvajanje tokova: postajem, ali ne osećam; u stvari, kazem „ja“, eto druge, ili drugih, koje mogu, ili možemo označiti simbolom *ja2*, ili bilo kojom slovešnošću. Na primer, znam(o) da ništavilo, budući sve(ne)moćno, razabira rukovete sopstvenih razrokih uzročnosti. U stvari, sad, u jeci polifonije, slušamo (ja i ja2) poneke glasove iz prošlosti, glasove kojim ništavilo kuje, grčkim vatraljem, sovu svog hegemonizma. Video sam, a znam, osovinu koja povezuje neke *ušortene* dijaloge u Parizu i paklene splavove po-

svećene kažnjavanju Nastasijevićevih mitopoetskih prostora. Neki stručnjaci su mi onomad skrenuli pažnju na ulogu indoevropskog glasa „šva", čije nenaučne vibracije danas, i uvek, razaraju živote, poluživote, neživote, smrti, a i neodređene međuprostore Nastasijevićeve tužne planete, planete koju uništavaju i pored toga što više ne postoji. Ključ: ništavilo nikad za posaj ne zadene.

Nije slučajnost što u Parizu dan-danas, dok Apokalipsa divlja po međuluškim podnebljima, pametan kafanski svet kaze *Fršvad* (umesto Frojd) i *Nič* (umesto Niče).

6. Kako reći ištavlje o narkozom posumračenim odvodima vodoljublja kad na vrbi sve samotničko rominja, grominja, sneveseličasto? Kad uronimo (ja, drugo ja, druga sličnosti i ostavinski presamićeni altari u krivokrugu moje pihtijaste svesti, sve se okrene na svojatarsku (ptičju) stranu bez gloditka, ali neka. Svaki dan – novo Ništavilo.

Danas (ili sutra) klembahade i glembajalice natotovske smuhahahe, dok razbiri izviru iz glečerukolikih podavijenosti, odnosno smrt na kvadrat, on neživa do netraga, kao da totaliterarna močuglavost apsoljene moći razrokog uma ne ume, a ne ume, da se lepo zadovolji pregrštom mrtvačkih slojeva. Dobro, ubiše nas, ubi me nejaki kreč; ali natotoljagložljivot, kao da ne uživa dovoljno, zahteva, traži, izvoljeva, putuje u Opetiju. Neživ, preklan, apsolutno, ali hajde da ponovimo. Reč je o sledećem gepifenomenu: Ništavilo nam se pravi ludo, kao da ne zna, a zna, kako mu rođena izdušna duplja izgleda, pa mora da se gleda, od pogledala do glogledala: ubijem te, ubijem ti dušu, ubijem ti kvintesenciju duše, pojam kivintesencije, osnovu pojma, ideju osnove, temelj ideje, vrtimo se vrtimo, ali se nikad ne svrtimo, Ništavilo ima beskokodakno strpljenje, poslaničko, a o poniženjima ćemo razmišljati, klaj-klaj, prilikom sopstvene sahrane, kojoj Ništavilo neće prsustvovati, budući zauzeto deontološkim rovovima pod bratolomno haubičnom gubicom bekonačetih raskolodvorišta gde memlu plaćaju, dolarima, da slavi jubilateralno (istok-zapad) davljenje Nastasijevića, od minuta do minuta, pod vulkanom zapadavičarske mučnine.

7. Samonečno, ali razirem dubine koje me takoskreći razaraju, razmotreno, iznurivši poslednje podatke što ih krepohalno razdrobishe, ne obravši skretnicu na poglede, red u red. Iz sna, neživicom ošurenog, izmiču, u talasima prevashodne koprene, sastojci ni na nebu ni na zemlji, krivični elementi pantamazgorične krivulje, raštrkane prevlasti potklobučenih dnevnica za prah. Ako se ništa ne okrene, što nije, još svako, samokleta ništavnost, po tituli nekakav izanđani adutant, odjednom udari na generaldžalambase stvrdnutih glasova, kao da mi strukturalistički rojevi dopuštaju da se prenem, udahnem prizničavo neozidarstvo, i strugnem pod plug. Kad tamo – školjke. Retki su to trenuci. Retke prošlosti.

U ispostavi Svete Stolice (električne), slušao sam romoreće rovove, utabane peškire, vitrine sastavljene od baroknih odstrela ulice koja se vraća u pesnika koga nema i možda neće biti, ukoliko biti nije ubiti , titularne lomače političke oblaporoznosti, potonule džungle, ponoćne urlike penzionisanih kožara; a sada slušam zabarušene prognoze ništavilačkog jezika, zgrovora moje rastutnjane nemoždanosti, gde razulareno urlaju svetoliki ambasadori Republike Intelektije, čiji su agenti odvajkada zapostavili stolove za kojima svio sedimo i slušamo, prikovani nepovratnom zlatobornošću, okamenjen program kazneno-popravnog uništenja, razvodnjen za pazarnu potrošnju, ali primetno oprljen prigušenom telefonskom fjakom zaboravljenih prisećanja prilikom zamrlih popodneva u visećim zvrkovima poslušne (i stoga lažne) bezbednosti, uz fatamorganatsku jeku gundelja (juče gundelj, danas bomba): „*Fuko, Lakankan, Nič, FrŠvad; Ak' o te Žderida,* tajacpajac-hilozozajac; tat-tat, *Žan-Pol Sat;* u Bernara Levija dizajn za dazajn: 'Neprijatelju filozofske mode, protuvniče zapadnjačuće bombaške discipline, neprincipijena meto, bedniče koji se bahato ophodiš prema smrti, neka te vode, svirtualno – u zemlju Bušmana! *Kung,* a u stvari, zna se, lepo, po evropski, u belolalni razglobalni Vernichtung'.“ Vratimo se u Indiju, lonac tuđeg štreba neće nas streljati kao što nas ovaj melje.

8. Kročimo, saznajevski, gražljivo, jer tu nam, nad tabanima, ješmogma: Markiz de Novi Sad, opsadnik smigrinovog ništogrđa, spodalinom, jer, opet, u zadubini nam, opet, sve okrećajac. Padajuće staze subotom vode u nedokraj struganog Arsenikovca, gde san čeka ništogrđe. Bez sna – sve nemoguće. Na levo mi optužnica sinje krmače: Nikola Tesla, nastasijevićki naučnik, ptičar, njucač, istinolovac, čitač kremenja, vidovnjak i neprijatelj natatonskog materijalizma. U sivilu nadriglojnog beščašća, samo tu, otcepljeni smotuljici rudarske samotnosti, ošijačeni, nizvodno. Ali prolaze, i prolaznosti.

U sedmom odsjaju, eto, Tesla putuje, zlogatajući, nizuzvodno, da pregovara s predstavnicima očerupanih vlasti. Ne znajući kome da se obrati, Tesla mi je juče saopštio da nije. Išpitujem ga stranonćno. Gde? Pa ima. Nestaje li ništavilo trenutkom svog rođenja. Da li ću nestati kad me oduzme. Umesto odgovora, slušam sledeću verziju. Naime, Tesla večito odlazi drugoj reci, nadajući se da će mu društveno-naučni ugled otvoriti vrata ništavila. Hoće li se ništavilo ikad zadovoljiti i ući u istoriju literatobornosti? Hoće li, konačno, ubivši Nastasijevića, pustiti smrt da se komforno razgoropadi i preuzme slučaj? No Tesla kao Tesla. Sad mi govori da su ga dočekali ministri, saslušali molbu. Odgovor? Nikola, šta su ti rekli ti moćni, bezbedni, smrtonosati, evropesimizirani vlastodržači-smusedi što, poput *Maustrijanaca,* govore Nastasijevićevim jezikom, a gmazonski ga mrze? Nikola ćuti. Kaže, i oni ćute. Da li ima razobličja govore? Nikola kaže: „Dočekalo me je njhovo gljurenje.“

9. Kad ono, u sve gnovijim kraokretima, zništavilo, i kad se nebuloznost preoprene bez nekoprene, ali imam li, pa neka, kad, ni Ustav Maler, da sve zgromi, zgromuljičavo, nebo na nebu, gde ono, signalima, jata limata, redo-

vi uplatkanih zavoda za metalno pitam te za zdravlja, u dubravi kriva, neguju guju, sebesamno na kvadratište iliona koje čuje koraka mat. Ni reči! Pojavi mi se misao, fenomenalno, sad ću misliti, zmisliti, sliti, mislinaviti – gracionalno, liliputeno u podgrobnom ropcu, ali eto, krivo pseto, kleto – kad ono; opet ono, ništavilo, i ostali, stećaci iz Pavlovljeve ulice, broj sedamdvjedan, kuku-pele, govori-dvori, zverbalno, opšti, stravopštava i stropoštava, *nič* po *nič*, po jednu gubačku nijansu i sedamlje.

Trepereće dvogledalo, gleda me očima poraza, samo peglano, i tu, prošle drvozdelne kudelje (nikad!), govori, krevelji se kad mu govorim, a da li to on – ono – opet sam sebi ili ja, ili, smožda, mi to sanjani Fihte, na liht gliste, juče puče, tj. pozajmio, ništavili, ništavilenjacima, skamatu, da me, zavesom, zbuni; dakle, kad primih ništavilo u produženu i prijateljsku posetu cvećenosti, načuh svetogrčke pobačaje o nijecenju, pod pritiskom kuglajuće se molitve, raspršene skrike; nije li to, steklo bi se, samo ništavilo, svojeglasni, koje mi, sada i nesada, pod pokroviteljstom usudne dosade zemaljeva, krije status egzistencijalne imovine, porekla gudubućnosti: davim se u prolivima negacije negacije; izneklobuha, eto, kao pseto, ni ništavila, po sopstvenim stvrdnjama, nema: čas me ne vidiš čas te nema, neka, idi *Gmujago,* bivstvuj, opostoji se, razlij svogatav klokobitak po psenim šetalištima kosmatosta; zbaci paraštos, zguli fragment. Ničega tu nema, zamišljam ga, gloglavo; pa su mi splavovi, usključivo glavati. Sve su to glasovi koji sebe ne čuje, a i ni mene, ni bilo koje nepodlokana jastvo, ili jaganegabudejaće, ili ono ili, po povelji, koje bi se rado nafrkestilo po naređenju podatnog kestena. Znači, nezbrinjene pošasti samleveneih glasovirova, utabane ponornice, ponoć u suštini istorijskog sirotišta, da me vrati, jer kad ih vidim, onako poređanje, moje ništavilo veće od tvog, spotakne se i kontrapunkt o govornjaštvo-kulturnjaštvo sposobnosivasta jaštarije; da ti dam napismeno pa na uštap, kaže ništavilo, kažem ti, a mene nemo nema, a svi vi tamo, de vas navodovodno ima, i zima, kultivište nekakve nekontrolisane razgovori o meni, eni, enci, koje oje sam, am, m glas je šva, tj. a, koji odavno *o(t)pisuje* stanje permanentno, jernatentno, pa.

10. Posle, ili, nakon togašenja, Nikolutin je, po mogućstvu hitao, osećajući se nekako isprazno, čmugashu, ali svakvako nečujno, a da ih niko ne glomo; čelične tamnini, ništa, niko da me ne čuje, samo prazničevo, neslušajći prostori slojevitih ništavnosti, priče istkane od ja-tone nemislivosti, pramenovi užurbanih crepova, hoće da se onebići; dalje, razduhovljeni spirituozo, večiti taedium vitae, glas na uranku usukanih biskupija, strnjište iz džudžaka, levi neugao – pazeć se od samohodnih upitnika u Fajumu. Nekako bljizgav, tumaram, od promila do kvadraga, ostavljen sopstvenim magličastim devizama.

U sličnim očrucima, nihilizacija promiče daždomorođaštvom, a morije u *En Sof;* zabranjene leje. Od odmaka, pa na ovamo, premostiću odzir proživljaja onog istog očajanja kad me je zviznulo podznanje da su gljive, deseterac na jednog – zar da se za to množe – zavidele, papkajući u mestu, Tvrtku, zavitlajnoj personi što, u ulozi Fabricijusa, podmazuje rituale masovnih buvljina. Kad, primakle mi se decenije, u kadama neuhvatnioh lucidnih trenutaka, lucidnosti koje ce, jedna po nejedna, skapati, akademski i socioloski, u Sulejmanovim zatvoreničkim bihorima, kada, možda napirlitane možnosti, odnosno stubovi srozuma, počnu, u hidrohloričnim zaletima, skakati sebi na glavu, u očajnom pretoku, očajno, ali bez nade, ali tamo. Bez, ali bes, kame, neušiven, fantomistički, po žiletu, vodio ih je, mom nepostojanju u susret, Taras Obljuba, veliki kazanski Neo-Kantor, nigvaškom stazom, u niće, vabeći grnčsrkanje sevmira. Od kandila hmelj mu grašta. Kakva vuciblatina, a čitaju li čitaju. Izgubivši moralni benzin, tenkovi im idu na paru, a, umesto uglja, pale sabrane tomove sabranih dela Julije Krastave i nenarodne radinost. Hrbatina na naćve, a svaki mrtvac, retroaktivno, vojni obreznik.

11. U sred, samo samoniknem, sasvim pod tragom, kad eto, podseti me Zapadnik, apostatista, i takav, da sve što mislim nije; drukčije svareno, kažem li ćutim, sećanje samo za seču. Ono me misli, a ni samo, osim redarske opomene, za vreme pomena svetom staroguđu, za pomankanje gubitka u nedoziv: svikli. Apsolutna ingerijateljska esencija tog mog naloženog Zapadnika: mislim; ergo, postoji samo on, što znači da upravlja mojim nepostojanjem, pod baržabljakom neoultraškog gnjilizma, a nekamašne principovu. Ima dana, koji nisu danas, kad me ništavilo, nakon sveljudnih molitvanskih zgrobuđenja, pripusti, pomalo stišano, bezmalo u suton zlebave čađi, kapijacama zlobrušenih semantoma, bez reda, u zalomljenih utih zamrlih biblioteka otpadnjackih remekzdelova starije rvačke literature. Tada, u tim trenucima, živi, kad ne zavide žmrtvima, misle, ali ne svojom psoglavošću, da sam, pušten s lanca, oslobođen robovanjstvene otomanske dizinterije. Međutim, svi se varamo, svi se varimo, bez reda; nema tu. *Trgljav,* batrgah se u klonilitetu,. ne znam kakav program danas; eto, ponadah se sirenama, opštem uništenju, bombama s doktoratom (sve ih je više), a kad ono, ookolišno razrogačen, čujem promene u programu: ne, danas će nam samo svirati nekakvu sovjetsku muziku, simfonijsku, po ugledu na Štostakovičeve milosrdne impresije o ratovima za otkrovenje ništavila u zabušavajućim budžacima starogradskih pošasti. Šljumbljuznik, ali bez kavurme. Biće, zmigaminacija, ali samo za vreme bivstvujuće, jer iza svakog sartrovačkog pokušaja da se govori, onako kafanski, o pitanjima zamrlog života, leže leje, vekovi, putevi, slojevi, svemagmena glazura Vitgenštambukove luče mikrobritve. Putevi se ukrštaju, nevidarski, ali takođe nekako tljikavo, da mu ni tekst. Utom – sedmo ročište.

Ljudoždrski gnoj književne kritike – eto mi posla za dubinski nihiližisahan! Ne, nego remor, odnosno remort, pravi period nihilističkog neporoda: dlakave, kljakave

ispušene misli, ni razorom negvuđe kojim bih, pod uslovom sopstevene egzistencije, za koju nikako nemam dozvolu (pazi, *Existenzverbot!*). Majmun ni za šta. Novac, ekonomljivost – ništa, naravno, dok je ništavilo komotnost, roba, prepad na prodaju za ucenu, čega u nas dosta. U azijatim nemačke filozofije, naročito kod zulfikarizma G. W. F. Helgelendera, vreme ispostavlja samrtni ropac sve drusnijeg sverlarnika za onemogućenje. Prolaz, ali smo kroz ničijugavljenu kičmu. Dugo sam ih sve slušao, upregnut. Bože, kakav šizo-fras! Na primer, Dr. Kadzija, sve s nakatedremljivim pomočnicima (Lakankan, Rda i Mrsa, Doktorandus-Mrsikesa). Iskreno, priču nisam razumeo, iako bejaše reč o zapadnoj svilicizaciji (nešto Kurta-Murta-drž-nedaj-trt-smrt-ubij-davi-tresi-mesi-ne daj-imda-žive dok uživamo u zapotpadnoj dezmotorionokratiji polionaniji); zatim ništa, kao da je sve rečeno. Ne razumem: ne umem da mislim, navodno, a ne daju mi.

12. Kakva prava pravcatovska smrt, kakvi bakrači! – ništa od toga, čak i preminuli se zaista prepadnu, mada bi, po nekom zdravom krizumu, trebalo da su već odahnuli, kad se pojave, na pranebu, akademski bombarderi. Akademski bombarderi: eskadrile svakozvanih „letećih katedara": ambasadori duhovne smrti, koji, kada običajni, materijalni bombarderii svrše posao, zamrače nebo, lijući otrov – pomoću gigantih glasnogovornika – intelektualno-kazneno-popravne propagande. Kopneni primaoci bombardovanja, čak i oni koji prespavaju najgore rušenje i pakao smrtonosato-ekslpozivne ubedljivosti, bude se, obliveni damoćom, u urlaju, zaglušujući halabuku letećih instrumenata zapadnog humanizma, tražeći, beznande, utočište od neprestanog žvanjkanja iz neba. Na primer, čovek, koji nonšalantno reaguje na uništrenje svoje porodice u fizičkom bombardovanju, silazi sa uma kad ugleda leteću katedru, jer on zna šta ga čeka: ne blagorodna smrt, nego celoponoćno trabunjane o blagonosnim vrludinama materijalizma, fašizma, pragmatizma i demonkratskoj celuloidizizma!

Prošle noći, reče mi jedan čovek, neposredno nakon svoje sahrane, leteća katedra poznata pod padimkom „Analitička filozofija pragmatističko-monetarnog materijalizma", vriskala je, uz potmulo bubnjanje sveže uvezenih vaspitnih talambasa iz Otomanhejsko-Američke Zlimperije, o slepoočajnim prednostima idejno-policijskih skvrednosti, skvrednosti u koje, odlista, spadaju merkantilizam, materijalizam, gomorija, otomanizam, skapatalizam, povećanje proizvodnje, smrt, pozitivizam, demokratizam, globoda štampe, funjarizam, paralažizam, opet smrt, mehanizam, dosadizam, skučizam, imbecilizam, profitizam, čankolizam, politizam, tetanusizam, ponovo smrt, skamijizam, poslušnost, autoritatarizam, glintonizam, demonizam, satanizam, bezdušizam, grobarizam, još jednom smrt, mučnizam, amerikanizam, pustinjizam, truležisam, skorbutizam, pacovizam, bubašvabizam, očajizam, mržnjizam, mlateizam, nihilizam, merkantilizam, tržišnjizam, bombizam, genocidizam... i tako dalje, satima, vekovima, zauvek i još duže. Ako je verovati letećim katedrama, svi balkanski ratovi, prošli, sadašnji i budući, izvori iz jedne jedine pra-teme: reč je, naime, o dubokom balkanskom nerazumevanju zapadne filozofije, koju su, naravno na Balkan doneli Turci i zapadni racionalisti. Balkanci nešto petljaju sa idejama, koje, naravno, ne postoje, a zapostavljaju, kako nas uče leteće katedre, robno-pokrovčanu proizvodnju materijalnih objekata, prozvodnju koja vodi isključivo većoj proizvodnji i samim tim, sve većem rastu tržišta i zbržišta, koji će, usloviti još veći rast i okolbučenje tržišta, tako da će na kraju, sve, i Bog i Kozmos, postati tržno-ropčana objektivnost u spermanentnom grču masturbativnog tohu-bohu iznosa zauvek i u rastućem iznosu. Ko drukčije kaže, mi ćemo ga ubiti! Jedna ot tih sumračnih letilica beše i monumentalnih klobuk, ispunjenom izmetom generacija lažova i drugih akademskih pozitivista, u razobličju *Madlene Svesjajne,* pokroviteljke univerzalne smrti na Balkanu, koja, u doktorskoj odeždi ovcje boginje Dijamat, proli svoju nemoždanu praznutricu po ogromnim teritorijama Balkana, trujući prirodu, živu i neživu, tlapnjevitim verbalnim isprdima o balkanskom Novom Hitleru koga, za razliku od Onog Pravog, treba kazniti, oštro, punitivno, odsečno, principijelno, jer Onom Pravom nismo zapržili čorbu, iz sentimentalnih, zapadno-demokratskih, razloga, pa ćemo zato, ovog, po našem mišljenju Novog, da udesimo, pa da, pa da, on je za sve kriv, za ovaj rat, za prvi i drugi belosvetski, za sve ostale, buduće i prošle, kozmičke i kozmetičke – pitajte mog češkog frizera Švavela i njegovu, i moju, suprugu Švavelku; istina je, koju smo saznali kad nas je sve tucao Glinton. Leteće katedre nikako da prođu; piloti svi sa Harvarda, ugojeni, uštrojeni, plaćeni, dobro podmazani. Kuku, eno i istorijske katedre, koja će nas, iz vazduha, dok sahranjujemo civile (koji nisu civili, jer je samo Zapad civilizovan) učiti istoriji našeg naroda.

Istina je: Srbi su u Srbiju došli iz Bosne početkom ovog veka, a Islam su im doneli Švedski trgovci bežeći od Velike Šuge, neđe oko podne. Srpski jezik, naročoti Nastasijevićev, skorbutizovana je, korumpirana, varijanta slovenačkog, a svi običaji (tu spadaju verovanja i kultura uopšte) kupljeni su, za male mađarske pare, u nekom američkom katalogu. Cela se priča moze neći u uglednom listu „Njujork šjalms", koji sačinjava celokupnu bibliografiju harvardske „Istorije Srbije" i njenof drugog toma, koji izlazi pod naslovom „Smrt Nastasijeviću." Iza letećih katedara se ponekad trte, ako nije reč o istoj institurciji, reklamni baloni, koje nazivamo „lebdovima", proizvođača raznih korisnih i poučnih turkmeričkih proizvoda. Recimo, kad stanovništvo, posle eksplozivne municije, primi i račun za „tuiciju" (predavanje na nebu treba platiti, jer ni bombe koje na tebe padaju nisu neka fraj privilegija), pojavi se tu i desantni inkasant, tražilac dodatnog plaćanja za besplatne primerke atomskih skloništa, po ceni dostupnoj svakom balkanskom domaćinstvu. Prema iskazima statističke leteće katedre, 37% bombardera ima *doktorat sa Harvarda,* i to uglavnom iz humanističkih nauka. Uskliknimo, s toga, s glupavlju!

13. Posle nas teraju da kopamo nekvakavske, u stvari, epistemološke rovove za usklađivanje poništenih životnih stavova i avova, prema stepenu seoskog raspada dokle. Mada je premda, rituali se ukamenjeno menjaju, što nigavno ne znači da su sam, ili poredbom, samotno, bes češlja, po sedam, kopamo, pušeći uputstva zapadne cankelarije za samobradvitak ništavila, pogotovu u jarhitektonici spodatnih podhodnika – gde će nam narod živeti posle uništenja – poslušno. Lopate, tehnoplohno sazdane od većih komadeških mozga (mog, tvog, gnjevovog, svračijeg), grabimo, ne hajući za krvoliptanje iz spretaniranpg poglavlja, iz kojeg još uvek štrči sikirče, da ga slikaju za zapadne novine na vetrometini europentatonične muzike za vešanje, meridijanom, koturima razneblja, nakićenim dobronamdošlim leševima, u stvari, nama samima, ne računajući malter-ego, u još dubljim podhodnicima. I glemo, što nam pomože da glomimo i glumimo. mozak u rukama, u obliku zlopate, kojom nas zemlja, kako takva krampa, inazud, a gledam, sopstvenim, vekovito ugašenim očima poraza, u rukama, recimo, u dršci, koju sačinjava hipotalamus, ispražnjene ideje, misli, kolodvorotečine intelektualnih amfiteatara nepropasvanog uništenja, bivše misaonice, gnepogud mastiljavjlenja obogogrom-tešnjavluke izigrom; i vidim, sporomno, misli koje više nikad neću misliti, jer su mi pod rukom, u pijuku, kojim kopam, jer su mi ga dali, sazdali, iščupavši podobne komadeške „mog" mozga, koji više nije moj, jer mi nikada nije ni pripadao, budući, a priori i a posteriori, legalno vlasništvo prolivnjačke skokaliciji uspređenih zemalja Evropca i mutave Euškorpije. A moram im biti zahvalan: da mi nisu od mozga napravili ašov, morao bih kopati rukama, kopati kažem, iz dana u nedan, od groblja do nekropolitičkih podobnosti samognojnogatoh pomračišta. Uništenje uništenom donosi beštopednu dobro zlit.

Moji najteži trenuci, naročito zupčanici u međutrenucima skoro-sad-će uništenja uz predujamu, padaju, pisteći – kako ko – tlurado, kada Dr. Tomt izgovara pretposlednje rukavce takozvonog ništavila, a ja, poduprt direcima okrunjenog jadrugog, uviđam da od toga nema ništa. Ja ću izvršiti glinvaziju, valjaći blatne prijerčenosti – na uštap, a ti me nećeš videti, ne zato što me nema, nego zato što će ti susrat s ništavilom oznaciti isključajno spočetnu jetapu filma u šri epohalnosti, što, ali ne dalje, oporučno znači da nikad, ni kad konačnom postaneš prašina, nećeš znati koje je, u vrtlogu nihilističkih statista, etatista, i dinamitaša, ono pravo, odnosno, fundamentalno ništavilo, teleskapana ploča za ponos kredenizma. Pitaj svaku snenu. Ubivši vas, uskratićemo vam prilično prigojene evropske privilegije i tomtijeme koje uživaju nepostojeći, zgromljeni, smrvljeni i ostali honorarni članovi ništavila. Ni u smrt ne primamo tak tako bilo koju šušu. Dakle, ništavilo mi je samo iskomplikovalo život; treba preći sa batrganja na totalnu pasivnost, koja se pokazuje kao eksponentno batrganje. A sve me te misli more, nažalost, zato što su mi uništili sredstva za razmišljanje: na ovom okutu, prema tome, iz odvratne glave Europca izgiljava Bergson, koji im je saopštio tajnu, bešpotednu po nas, da se može misliti bez fizičkog mozga, da smo neuništivi, što znači, opet, da čerečenje Nastasijevića, oglašava, simbulazno, novu eru u večernjoj istoriji idiotatskog Europca, istoriji čiju sojeničarsku suštinu krasi nepoštedri princip permanuncijskog post mortem. Za Europca, smrt je samo početak; posla toga nadilazi svečnost mrcvarenja u kojem će učestvovati eskadrolje europačke gihtehnologije i skalamundije, bez carinskih ograničenja, ali uz blagogljiv carigradske osovine Pariz-London-Vašljington.

14. Sve od toga – *ništa*. Na kraju, opet, a kako i ne bi, kada šljemamo mit o večnom dovratku: gurabije na Mirča i Svirča, a u grok-planu mir, tišina, svečnost. Ništavilo obećava i povećava. Reč sebi. Utih prema, koraka mu, kuk. Kad zastanem, zamislivši da se ovo (koje?) događa meni, ali pod uslovom da se ne zaluđujujem kad kažem da se ne zaluđujem, lupam glavu – o, tecijaše šematika – o o, sanjajući sve kićene gerontološke nularice u okviru nad, ili kao. Kako sad da tražim ništavilo ako sam sam

predstavnik, ako raspoznajem holandsko prvo lice nejednine kao divljacka plemena u stalnom sukobom s nevidarskim pseudo-elementima Jungove cevanice? Zašto je kako? Udubim se u moštvo; čekaće me noćni kleptir Trajan, ako stanem s vremenom. Navodno, ništavilo dopušta krajačke trunutke čitanja, pod uslovom da su dela Bergsona, ali u janičarskoj (tačnijoj) kvarijanti, naime, elem, đelem, recimo: smotiv *elan mortel*, „Deux sources d'immoralité et d'atheisme", „Evolution destructrice", i „Les donnes immediates de l'inconscience".

15. A kako da tražim, zahtevam ništa, kad sam sam ništa? Ima li ništavila, u partikularnom obliku, ikakvo pravo na samoprepredeljenje? Konzul na išijas. Sutra će ambasadisti vascelomudrene smrti, u vidu prigradske poslušnosti, padati na sumorni sutlijaš raščvrgnutih udiljena, da me, znajko, otpratiti svi vi, slezavi, na preparat fineganutosti; pa samo, dok lista ploh-muzika, om će ga raskajišariti iz krojenih pobuda. Ništa od praznine, tako ću, beličanstveno, čitati *Bodu Lera,* praznoćutljivca preispoljnog. Ne samo praznutljiv nego i iscrpno loš; kudarac opet muzika na podnožicama zgužvanih neokatolicima što samoupravljaju slabinama pompejske lavine. Protojereversijski nagumano. Pokušam li neka sputovanja, iza ništavinskog nevidokruga, dočekaće me, na jaskok, Paun Skotovski, opet neka leva ličnost, a o tome, e, moram, shvativši, ukoliko mi ništavilo dopusti opet to, što nije, jer nećemože i vaz.

U ništavilu ništa osim netežnje; pa orno; ne govorim gdopet; gdenjavam, čimno. Ako je od svega, ništa, kako može spostojatanje? A šta to ništavilo traži od efemeritorizma u muklinama sedmoruke azbuke?

16. Mratoboran, ali po dozvoljstvon da gnojuje pod kmrgminim spanđarom. Od malog prikoraka me štiti, vascelim šiljkom, dobronit svenagrudnih knjižnica u zastrahu, no o čemu će, po plinu, gradonačelnik Venecije, one u Italiji, koga su ludonastijanci bombardovali zato što se

usudio da štampa knjigu, i to o anđelima koji, u neko pra-jesenje popodne, šetaju beogradskim apotekama, u tišini, tražeći apsolutni piramidon u nekom zaostalom uglu ro-mantičke dvosmislenosti. Ej, ludi Maksime, taj tvoj Ver-gili-gili, od kante, nije baš na liniji Prekeopsove kamašne; geoamnezija ne pravda ravnokrake mantrakule iz šanta-vog zaliva cveća. Kad reče „Bergson" (ili „man"), nisu me uštrojili srednjozapadnjaci samo zbog ututulije, nego zato što, kad god ne ugledam, priježerno lupam glavu, koja nije moja, o poluatomatske, ali zato loše orkestrira-ne kantovske fragmentacije ja-pa-ja-pa-ja; ni Didonatelo, jer, svušima će – opet taj elan – dokazati da priroda pred-stavlja raščerupanu mašinčinu za preispoljnju proizvod-nju, na nehat, Satana. Ništavilo živi od alternativa koje nam uskraćuje, a ni na ne živim, kako ko, ako, stoga u, us-nom neumesnošću prikladnih poklada, sažmem jutun u tutun učmale čamovine gde. Jednu prevarijantu istini, ko-ja, naravno, nema cimavost, načinju doslušnih funkcijaši-ma govornog jezika, ne bi li, poganućem, primirisali sva-korodno zbogatstvo zapadobranske (Hajdegerovaške) koncepanice individualnog (ljudskog?) života kao ustoli-čene čežnje ka ništavilu, u mrtvačkoj podvarijatagantni, ništavilu, koje, u pročišćenu, bistri geopolitiku svog op-stora, zasnivajući, u stvari, same sfundamente tog, jav-nog, posebnjačkog zvindividualizma u centralnom podlo-kcu svoje polumesencijalne ništagođevnosti. Što reče, samo ništavilo uživa u polnoj sabranosti raskoričenih de-la svojih tibingenetskih osnivača.

Kao što se vidi iz bombardovanog, tu nema neke svetle alternative za glasove koji se slabo razumeju u on-tologiju koja polazi od aksiomotike apsolutne smrti kao jedinog kriterijuma za bićevne isprave lične. Možda u ne-kom logoru za konce. Pismo-glavato, ali na nestig. A igra-li su mango, puškavac, u snopovima.

17. Judri-lel-ga, nemojmo na jedrenje, u ćelijiama po pontamo se, ma gvrž. Egolalija, Sprudomire, sve po sta-žičarapuljcima, prigrev njet, utom na florumu slet u krvo-

klet, a na svašaru grvlje mantracitno. Slažemo se, po pitanju parsifflaže udenem mu; samo da ne utulim progon po rascvetnim nibelumškim blagovaonicama, smestima gde gluvari bogovi po neimenu Otan, Vljotan, Aftonland, Gljubotan; na halatu reparti terci, lupus quantae, providni numerički teleozonci, valhalci, K. Keron, loši ormani, ništavno objektificirina zgromgrami na protiv. Leto prođe dođe, a, rekosmato, u Javašingtonu, prestoničejvnici carstva Turkmerike opsodada, prasnjava fjaka, noja i gnoha, šta da ti kažem: dok vljučaju klotovi, a smušeni sultan malaksalo vršlja po svom hebrejskom haremu, poltitičari, habajući kuk, traže gljige stravostvarne, muče muku, izvoljevaju, čeznu, iščeznutljivo, za nekim novijim pleonastičarskim aparatom bljuvatorski priratnog mezetizma, u cilju tabanogolicajnosti – sultanske, svezirske, zirske i glam.

Zatvorim prozor, u nadi da će leto beskonačno proći; sve mi se priviđa, no pomalo patim, paranoično možebitno, od izvesnih atomističnih havarija u sultanatskoj jonosferi glavnog grada: nešto tu, kao šta će, pazno čekaj, jakalica, pa, ću; po licu mi gamižu novinarska predskazanja. Zaudara na znamenja; nepokupljeno đubre se uzvrpoljilo. O beskrajne li, dosadne posade; sede li, nabrekli, gnojno znojeviti, iz očiju im lije teratološka čađ, pod pazuhom im retroaktivni paramecijumi; tabani im svrbe; smežurani krokodili im bazaju, kao gluve kučke, po senovitim rukavcima debelog mozga. Zrički cvrče na sjataganu, slonovi obamiru po nozokratskim preordinalijama, sultan ponebavio od haremskim robinjama koje mu vazda trućaju o dekonstruktivizmu. Desi se po neko pogubljenje, pred Skapitolom, hvala Bogu; pundravci se običajno malo smire kad porinu u skromne okeane krvi. Evo, sutra, sabajle, sveže nabijanje na *Kongres:* uživaće celi dan, a kasnije, pridveče, uz zlataste harmonije Džona Kejdža na talambasu, da zasene robinjice u kavezu, ljuštiće prepečene šećerleme, i ješće, do apsolutnog provaljivanja, ratkljuk.

I prođe dan prvi. Sutra će Glintonu kćeri turkmeričke revolturcije prinositi novorođenčad, da im on, kako valja sultanu, objasnio isprazne mehanizme turkmeričke demonkrutije.

18. Bombarderikože – na čvarove rastrojs'! Tim rečima, ako je uošte moguće govoriti o rečima, kad je reč o natotanskom groktanju u močvarnim salašima Hotel-Diable, generalnog štaba Vojske za oslobođenje Turkmerike od Zapovesti Božjih. Uhvati ih neka tuga, pobegla od struga: u Vašljingtonu, danas, svrakako poremećeno, kredosledne hife zahtevaju, krugovalno, številenjacima opkladnu dispoziciju na na. Što će vazma proreći nešto snovo: u zblanutoj kvantcelariji, takođe znanoj kao oblaporoznoj (jer sve kaplje) stalno, psihoparalizom, teror nad umnjakom. Nihil est in intellectu! Tražili kloaku, našli Debelu (nabreknućem) Kuću, pognjište apsolutne vlasti totalitarnog sumraka zapadavičarskih stogova. Ali opasnot, smrtna: tanatologija pred Kikindom. Zato su, juče, turkmeričke glavosečine, odlučile da ne objave rat, ali garantujući uništenje, pod pokroviteljstvom subotarnjeg barona, svih fenomena, imaginarnih ili polupravih, koji bi, prema pisanje srampe, mogli, u nekom pasiranom kosmosu, predstavljati dlačak opasnosti po kanonizirano nabreknučhe njegovog dvoličanstva Glintona, sultana turkmeričke grobijašnice. Neprijatelju treba zadati didaktički udarac. Stoga Glinton odasla karansviraje buljucima, i slično, da mu odrade, pod pretnjom brazde, referate o hipotetičnom identitetu percipiranog neprijatelju. Naravno, kao i uvek, tu je prednjačio, i njakao; ozloglušeni Rvrd, vunakićoverzitet, teletuklanična dika i uznos turkmeričke otelegencije i uopste neosadističke prepameti oklembešajnog uštrojstva.

Dakle. Jeste *Miloš* ubi *Glintonovog pretka,* ali neka krije prošlost. Treba nachi nekog sličnog. Na to, general Vezana Svraka, otkrivši da sebi upada u reč, predloži sistematsko uništenje svih živih ciljeva čije civilno ime počinje sa „M." Nema problema problema, odbrusi Glinton, izdavši naređenje zlobno-kolčanim zapovednicima, i nji hovim evropskim dahijama (Vezluk Klarkija, Olbrajtanlija, Blera-Jusuf i Šejčić Dzejmed-Aga – a ima jos, koliko hoćeš!) da odmah sakupe svu vojnu silu, i oči janičarne, kako bi, na note, navalili na ono grozno M, što se objavi, na opštu konsternaciju i škrgutanje zubima među agama, pašama i njihovim pašenozima, kao trogodišnje dete, devojčica. Glinton tu skoči kao oparen i urliknu: „To je, tu je, vidim sam, u stanju sam, sve jasno, kristalačno, budem Bog, ja i niko, padam u bunarizam, jojojojoj, klukubućajok, grvndaro moja okešena, alakum pajaj, hrum-hrum, hrebofrggnjarablungtlingistorokhujoj!" Generali odmah shvatiše o čemu je reč i padoše na kolena. Sledećeg dana, hrabri piloti turkmeričkog vazduhovnoplovstva, zajedno s njihov im jevropskim podrepašima, leteli su, pod utiskom ratluka, k maloj Nastasijevićevoj oazi u pustinji zapadnog humanizma, da unište to prokleto M, koje, kako im je Ustav Republike Imperije Turkmerike, lepo objasnio, iako u Turkmerici niko ne ume da čita, pogotovu pisana slova, da to M, mada naizlged nevino (ko kaže da su deca nevina!) u svom antisultanskom duhu drži podrivački ključ, ključ koji će napadno oslabiti neometan razvoj skapitalizma, grobno-novčane krivrede i slobode srampe u Turkmerici i pod zemljom.

Bombe su padale puna dva polumeseca, prilježno, sudarajuć se sa svim predoderđenim, fatumom, necivilizovanim živim ciljevima, uništene su prekobrojne mase bezobrazne raje i neukusnih žrtava: žena, deca, streptomeca – svima je na poklon, upakovana iz aviona (Turkmerican Airlines), data neophodna doza, prema naučnim standardim rvrdskog univerziteta, namirisanog, staniolskog ništavila: „Zvezda" margarin. I tako se, iz dana uz dana, sila sultanova tresla od straha, punila gaće u pantagruelskim količinama, čitala memorandume o riziku za zapadnu kulturenost, dok konačno ne ubiše dete. Hiljadu aviona, 66.6 dana, 666 izlazaka (u život) dnevno: i, pun pogodak! Tako je sultan izbavio čovečanstvo, svoje buduće podanike, od strašne pošasti, potencijalne, koja je živela u subverzivnom duhu dotične, optužene, identifikovane i savršenom tehnologijom pogubljene. Da su je pustili da živi, njena tiha egzistencija bi stalno dovodila u pitanje blistave tekovine natotističkog turmerkizma. Neko reče da bi sve ovo izbegli da su, lepo, oteli dete od roditelja, oterali na Rvrd (akademski danak u krvi) i naterali ga da stekne bilo kakvu diplomu, što bi od deteta, zahvaljući najnovijim metodima vaspitno-pokrovnih elektošokova, načinilo tipičnog turkmeričkog telektualca, opran mozak i borca za novac i njegovo pravo; međutim, Glintonovi evnusi i dan-danas tvrde da bi ta rvrdska varijanta bila basnoslovno skuplja, a pare treba čuvati za nove ratove protiv novih onh što stoje iza toga.

19. Kao i otkad, u stanju, napola ja (koja?) raštrkane udubljenosti ka, nepostojim, sad-tad, nikako li, vreme po vremena, to ja. A samo kad bih, itekako, razbudio trireme soobodajne praznutljivosti da (jer) dika i jad, po šmugnuću, unapredzede tu opštinarsku, treskavu proizvoljnost tamničke krečane što, guđem, skakuće međubunarima jetke, kako pretekstualne sodomije. Pripustite rečnik srcu. Bome, ali kosti, da znaju bombe, kraknulo bi. Ne batrgaju se udlice u zalud preti pregladbema munjara. Nema – trazim Solutoslavskog u metabolizmu frustrirane pomijare, a jendek će, pod baždavo, pa niga mu klunski savet, gmožebuć bogognjavljene, iz reda u učas, pa mu Vebsterija Monakov, rasadnik prelepih grobljanderuka, ukazom prevashodnik direka. Zbunašljiva jugugma, a gde mi rambuljon, pčular preistorijske juhembenosti bežične užitve. Lunjajući, zasićen jargumentima za nepostojanje, razdlačenim prohodnicima raščvrljenog nevrmena, mislim, skutizmom Vitkačinskog, kako tu i amo, ima više polubićevnosti od toga. Gle, bre, kako egzistencijalizam razdragano ljušti sveodrodne katedrale međuizvoznog fušizma, a nuzpraporci lepljivog nam Zotpada sve ključajno. „Usudi se da ne postojiš – mi ćemo te." Kažu mi glasovi kartezijatičnog racijankalijumizma.

Mislim telefonom; osećam obućom iz priveska. Porinuti Edgar, pogubljena paradigma, pijana digama – štogod. Čovečanstvo-svečansto? Možda kao apstrakanstka pseudo-ideja kojoj pesek neć prići ni pod fukaračkom prismotrom francuske intebljuktualne nadzak-arhitektonike. Ali ko sam? Polunula, reklamacija u korist ništavnosti, negacija bućuzme, vremeneti podbačaj, cenzurisana cezura, hotel za cezaropapiste, psihomentalno nelogična konjunkturistička platnja? Jesam ne. Kako može biti bilo kakvog postojanja kad je nepostojanje dozvolatelno okruženje? Prima nas sve. Knez Ništavila hvali koju ćutnju, ali mi kritikuje nedovoljnu priljěžnost u ćutanju. Ne iskazujem dovoljnu smernost. U stvari, kaž mi, u mom apsolutnom nepostojanju ima nečeg buntovničkog; moram, dakle, nepostojati na nekako pognutiji, ropskiji, bedniji način. Moje nepostojanje krši nepojamne gomile evropskih propisa i birokratskih krmača. Ruši kanon; a, u Utopeku kljukavica – samo pazno, ali da mi seire zbog zborne kljukavice. Što reče onaj veliki zapadnoevropski *humanista* Hitler, Zapad je sasvim podbacio: dve-tri bombe, malo rušenja, kakve žrtve – kakvi bakrači. Sve je to ništa. Čitajte „Mein Strumpf", tu natoističku bubliju. Ne sme se tek tako, površno i neozbiljno, nepostojati! Umreš, pa nikom ništa. A ne! Tu ima. Branim e argumentom ka objetu orijentisanog ništavila, politicko-teorijski korektnim. Ma ni govora, kaže mi veliko predelo „De trimpho moriae" – ništavilo, pogotovu samo ono, ogroman je projekt naučnih prizmera. Na primer, Nato ubi Lazara, neki Isus se umeša, Nato pošalje plaćene koljače: znači, vidiš, Lazar htede nešto po sistemu smuti-pa-prospi, eto, mrtav sam, ne dirajte me, no vito oko natovsko sve dozna, tako i ja. Posle svega toga, dok sam, vatrostalno, lupao glavu o zid seizmičke kapare, pade mi na um pitanje o poreklu svih tih ideoloških principa, naročito u konteksu svenarodne borbe za pravougaonost ništavila na planu. Odakle sve to dolazi? Gde je Rusija? Ko nas tera da misli? Ko izmišlja misli? Televizija? Glinton, poput napreklog moreuza u jaščari? Ne, prema svetačnom oodgovoru, u nama živi genetički ukopčan sistem primljenih refleksivnih misli koje se same množe i upravljaju. Svest tu ništa. Dobro de, a obnova Balkana? Posleratni period rascvetano rospi-jeriteta? Ništa lakše. Pvo ćemo pod barjak Gen. O. Cida (koji će nas zbrinuti), a ondak ćemo mrtve slati na budu primljeni na najboljastije turkmeričke univerzitete (reci-mo Rvrd, Jelej i Univerzitet od Penisilvanije), gde će se uklopiti u Studentsku Lešinu. Hajd' u kolo Hađani, slađa-ni i mlađani. Magistratura, a možda i doktorat (ako dopu-stite Glintonu da vas siluje) umesto masovne grobnice! Kakva raskošna bezbićnost prema principovima lumino-zno-luciferičnog neozombizma. Gehenoteizam, tanato-kratija, nezvuk primranog mrtvulja, rizomaki napujdane klade u nogojavljenju brazgranate obimljuše a-o-u, pa ni-ko, velim ću, odapni-der, pa da geomantika crkvene klu-perdače, ako bih samo, po prijemu u Gipat, džarnuo po koji triklinijum te nadri-buvlje anatematike. Tupomuklo-šću obhrvan, gdemogućajući pri, milim milošću, a u ši-narnicima, minaretzingera i grubadura, u potrazi za leci-ma jedne istorije, svatostavne, koje nikad nije bilo, a ni ne bilo. A bude me bude, jer 1453 jeste treiskaidekafobija (5+8=13), bude me na vek, kao dam sam čoček, a posle, grivnim čudom, sažme me nekoćajni susret, u najdubljim pradubinama ništavila, s glasnošću iznenađenog sagovor-nika, koji, mada potpuno otuđen, neusmeren Piranezije-vim tartinizmima, saopštavaše – mi, meni! – neke pro-hladne istinoe o svojoj kataleptičnoj prožornosti, stepen po stepen, dok nisam, na kraju nemognućnosti, ugledao, odavnom umrlim okom sumnjive duhovnosti, izbezum-ljene razgranatosti ničeg u koje će me svaki takav neraz-govor uvesti, bez nade u bezdan.

Kakvo jadobilje, ne.

20. Tras! Turkmerika upravo postade Nenarodna Re-publika Glintonija. Živeo kitnikes. Elem, prilikom odbra-ne doktorata u Glintoniji veoma je vazno zauzeti pravi stav. Mislim, fizički, odnosno, politički prihvatljiv ugaoni stepen guzne natrćenosti, kako bi članovi doktorske ko-mišije, koji su svi po definiciji skreatori *Nerazuma u Trt-buljeu* (glintonistički sansdžak u srednjem veku poznatiji

kao Francuska), lepo ispitali, i ispipali, i to udovima raznim, trtoguznost kandipodata ili atkinje, zavisno od sluzi, a ako se tu, kojim statistički pomerenim slučajem, nađe i Glinton, zabave će tek da se komeša.

   Svi kandidati, a naročito njihove dobrovoljno podatne jetrve, napamet će kometarisati prebranačna dela otpadnjačkih filozofa, pod handžarskim preispoljiteljstvom Satarartra i njegovih zbuljuka napirlitanih egzistenkista, kinja i paraštosadzija pod krmeljom gruske diplodokumentatije (koja nas). Nije samo kredar u pitanju (se), nego i premotadžbinski narkazuizam demonisijske spandžatantre, izrešetane, mnogoboljački, u rasturinu šinijne zaludbine, pa kom. No (po)vratimo se doktorandžulistanizmu u prepojedi. Pre svege, sve su teme na temu ništavila, nema se šta, bez obzira na polje ili tlukano (dlaskom) samojeđe telefenomena pod okukom. Prvo čitaju fenomelem, ne hajući za ontološko duvanje bić po sebičnosti. O tome. Saznajemo, dalje, kako Sakkojević, drobeći trubu, deli biće na jadalektiku koja nije nije. Drukčije rečeno, kao da postoje neke međuslične dlakavosti u vremenskokrostronmom pontinummu. Dakle, nije ništavilo nešto potpuno nezavisno od bića. A kako bi bilo, kad biće ne postoji. Obaška komedija koja se sastoji u blatnjavoj veri, posledici samoubilačkim tendencijam unutar bićevitog ambasadora (honorarnog) koji ionako ne postoji, dijalektonski ili analekički, svejedno, a kamo li Plotin. Svuda se tu muvaju i Ajdebregerove čarape, u stanju apsolutnog smrada, čiju erektološku dubioznost (opet Glinton!) sama paralelna kama parano pravda izrecima po paraleleku gnomizama kao što su „Pojedinčev takostruki dazajn jeste dizajn koji teži Trti." U delima ima. A kako i podsecasti kad nema; hoću reći, naime, uče nas ništavilu, a ne gledaju na očiglad onih koje proizvoljno nazivamo drugobivstvenicima, iako, po sredi, ne vidimo kazamatska ispupčenja na neravninama ništagistrale Ratstva i Trujedinstva, pa sad.

Odanost isključivo ništavilu, kome je teško. Non eše est percipi. Za mene, ili bilo kojeg nadstavnika nekukasto-bedaste menosti u plaćeničkim neo-jamama nistavilske sverazvojnostri, nema druge motimačine, u filozofljarskom smislu, osim solidarežljivosti prema isključiv onim omanifestacijama drugosti koje potpadaju pod jinjangerencije samog ništavila, pa razume se. Moralo mi se ponoviti da. U svemu nedorečenom ima, ako kao, i montologije i glotologije, a svačega, jer ništavilo, u svoj razdarežljivosti, ne preza od oroznosti samkudog, ali strasno beživotnog, lišijasa. Tuba mirum. Na kraju, metafizika i njena implikacija pod plaštom sopstvene nekožnosti, trljaju levi sudar oko-oko, podražavjući sve zasenčene poraze, kojima ćemo se dičiti, otpadne filozofije kroz istorijsku mamuzu. Konačno, diskurčivnost o nebitnosti histeoretskih razlika između bić, nebić i glodarovite kataraksije, otkačinju, samokleto-zar, čak i najsvirepiju, pred atarom Sečevačke klisurle, probližnost sputanjama etike i moralalagošk ljaljaja. Od toga – ništa. Međutim, nakon kraja, pozorno budan, i politički okretan, čitač-kandidat za duplomu za akademonizirajuću mast u Glintoniji, nabasava na osnovno pitanje o susret s ništavilo. Ako nije u knjizi, gde je. Rebus u drugom broju, ali obratite paznju, kažu nam vestalke, na samog Ž. P. Sataraša, mislim na njegov kultni lik, izraz – iziskan teorijom, okretenutost, jedva svodljivim gestom prepredećeg zmađioničara, obudovljujćim degenracijama egzištencijalista, umislilaca, francuskih i kljančuskih, čiji će govor, cedementiran bezosećajnim čelikom jautomatskih izraza u stilu „stavljanje u pitanje", „uzimanje svesti", „FrŠvad, Švadeger i goli otroci", „zantropološki humusisam", „prosvećenosti zapadne azotare", „demokrizija, zapadljiva", itd.itd. žilavo izgraditi neophodnu (i veoma prohodnu) militarističku saobraćajnu arhitektoniku (šine su rukama i rečima gradili novi filozofi i šinteri) po kojoj će trijumfalno jezditi, kliziti leteće mašinčine udruženog gnoja devetnaestohrake žalijanse najpametnijih zemalja protiv neposlušnih nezapadljivih pobunjenika protiv jedine moguće paradigme evropske okulture i progregresisma.

21. Na zemlji, tom čardakijskom golubraniku ni na zebu ni na nemlji, videh, onolud, mlade ratnike za slobodu, carske bborce za oklembešenje novinskoispovesti, kao se priučavaju časnom poslu širenja tekovina smrti po prostorima Balkana, a možda, ako im sreća ćurak udeli, i *Bajkala, Urala i Ulan-Virovitice.*

Kamo lude strehe, pod kojom su, ali mi ne. Juče, pod ispostavkom da neka linearnost protiče kroz sebe u napadu, gledah stremljenja mladih avijatičara u lokalnoj knjižari, gde se, po dozvoli, okuplja pametan svet da bude viđen. U knjižari, gde ljudi obično samop na sebe obraćaju pažnju, kao da su, zbog povećanog atmosferskog pritiska, članovi, praveći se ljudi, srupali u palidrvčane saveze između, ne bi li, zlotimice, ubrali po koji kamiš, tek tako. Znali su, u stvari, da ih posmatraju oštri očnjaci nadležnih Krivih Noževa, kojima je dato u podatak da, bar u dotičnoj knjižari, vrbuju bar jedno deset hiljada bombardera za sledeći napad.

Zavideli nisu. Birali su mlade kataklizmatičare po zabludničkom ključu, znajući da se tu mota intelektualni škart, oni kojima doktorsko carstvo nije dostupno – ali, ipak, škart koji, u dubini sebe, gaji neverovatnu strast i žudnju za znanjem, učenjem i radom bilo kakvog tipa. Najverniji su, na primer, tipovi koji provode dane, nedelje, godine u knjižari, lutajući od leje do leje, listajući knjige nikad nedočitane, sanjajući o melemnom životu u Intelekti, hoteći slavu – čak i za glavu, štrčeći, bilo šta. Onog trenutka kad se jedan, ošamućen, sruči, utaban glavoboljom, preneražen tolikim knjigama koje mu se neće podati, ubeđen da mu je neznanje najgori zločin u istoriji čovečanstva, njega prepadnu natovski kopci, čučeći u zasedi, iza bunara, i ponude mu mesto u slavopojnoj eskadrili rastutmuljevite ekstaze nad nebesima krvolikog Balkana. Prođe glava kad baciš prvu bombu, a to prazno zurenje u knjige ćemo ti stostruko platiti. U principu, oni bedni gledači knjiga koji pristanu na posao odmah dobiju: akademske titule (po izboru), akademske položaje (po izboru – *Rvrd,* bilo gde), kuće i stanove, robinje iz Glinotonovog harema (koliko hoćeš), pare, objekte robe široke potrošnje, nove organe, sintetički mozak (pakovan u carskoj vodi), nove ementalitete, i tako snužno. Tako su, bar po poslednjih krizveštaji, vlasti u Glintoniji rešile paradoks podele rada na dušovni i rušovni.

22. U žustroj potrazi za bombajalicama, zmagonetkama, ništlucima, brujevima i grebusima – otaman. Među rosno drčnim bombarderima, natopljenim mesnatim odlikovanjima, katedra(la)ma, doktoratima, počastičarnicama, da ne uminjem, iskoči, u utorak veče, upravo, nevarni Otoma, šuđbljuz, koji, jedini, htevši, obnarodova (pa otkrik) da sve te hartiješeni, kao i pare, ništa ne vrede ako Glintonija svojim bombaredrima ne garantuje, ogarakvljeno, velike, duboke i plemeništavne misli. Šta mi vredi doktorad i učast kad me more misli moje, bedne, štedne, čedne, opsadno dosadne? Uvek skepticajni, vrli zletači sletahu Glintoniste, i njihove gliste, s mnogorajnim pitanjima o tačevitim definicijama onog orgazmijazmičnog stanja duha kad u njenu borave duboke misli; ne primamo tek bilo šta, govorili su oni, gladeći mnogostručne diplome, kićanke, tračice, volane i obešene skupljene glave zlogorukih nastasijevićevaca. Očajni, tražili su mučotište u tiskanim prolivima velikog nemačkog policajca Haclava Vlavela, upišatelnog glintoničara i krtičnjačkog guznalca nižih aspekata glintonskih izlučevina. Mada je kolektkivno-java saturmbacija dotičnih trajala, uz ploh-muziku *talambase* Glintonove garde, trajala nekoliko nedelja, naročito za vreme ite miša est, da se pokaže s rodoskvrnim sudovima, Vlavel (i Vlavelka) uspeli su da ubede sumnjičavle među pilotima da mramorno-akademske misli klasiktave lapote potpuno odgovaraju moždanoj strukturi, ako se o tome uopste može govoriti bez povraćanja mastodontskih razmera, u Glintona za vreme nenaravnog odnošaja, na račun šnicle, s Lonikom Kakvin-

31

skom, sestrom (od šerpe) Sv. Tome i njegovog jazavca pred Avgustinovim sudom. Kog Glintona, naime, pauze u bombardovanju, kaže se, izazivaju, jezovito strahobokalne erekcije (i cijašice) od čije nesmotrene buke i pokljuke stravgično pate veliki rojevi naroda i narodnosti Dobrokrutne Grumljave, u potpazuhlju glintonističke države Južne Perperljuge, a naročito glintonarske vaške, koje kukaju zbog propratnih prirodnih nepogođaja.

23. Nedočima mu, je, samom silovatom pokrku litrealkoidizma, ma trabašurene bambure. Zabiljno. Joške sam uvek lud. Živ silovan, nedosilovan, poputom lepezaztih naroda i priroda, koji sve cveće i cvrkući, zaleći za žalom, mladosnim, pod udnom paprati Glintonovih profesionalnog breniranih surduknjetitelja. OPet unareděnja: Istrtljaj shvatalačku povratitnu. Telefon, redovni profuknjor klistiroloških zasedanja modurne fengelske književnosti, na Rvrdu i u mokrolišnjihm svinjcima. Ne nisam znao, a kako bih, dvoglavu, kad sam prethodničkog let zapaženo izigravao Jodžsa, uspešno, čak, pišući o Numbarima, koji su, za pare (evrobijaške), izigravali Engleze u pukovničkog skupećini, federalnoj, samogrubilačkoj.

Besmrtnost pušenja. Odanost prknjari. Letovranje, uz čilski šupadžiluk, u jetrovaradinskoj brvari, tamo gde, melemizmatično, lakirovka na bezistanu kao rupadžiluk šenlukijanske prošasti. Pogubi me govor, plaćeni organi šepanluka za gađanje mutninama; svega, pet parovesti, da mi, nagodno, prezadužena ništavila, pored čije pošlasti zaguljeno negođanja umarališta grakću (skokom), spodučavajući, u Morbidarijumu, iza Ratatorijuma, sledeći bidermajski upiš, u koji spadaju, između ostaložnog: totaliteti na razduvavanje, skočinaš, tomovi „Časovnika antinomije", vaseljenici iole, iscedljivačke odklike, zbombitak (da ne kažem Ding an sić: ako izdejstvujemo doživotnu u nekoj od boljih natotističkih robijašnica, smrtna nam ne gine, mada ne znam za municiju), hodočistke u nekropolitičkim bačijama, razmišljanja o budućem vlasniku sopstvenog leša, britke prekomande u loj, Rešenjarovo zevanđelje. Pored toga, žrtvene će ćilibaruštine štedro opsluživati samoživosti sudžuka – da krkljanac šmirgla grane kojima ćemo, iz Buzuluka, braniti Ratno ostvro, i nevratnog slizavanj sa rvrdskom klupom. Prestrojavamo Timok, lupamo zvezdanosti; a veronaučni materijalizam-budzašto ćuti, upleteno, preživaći znanježnost (sa čijim olojem tecijašeće prenedrasude uvojno pecijahu), lijući razlazne ukrućenosti. Postoji li ništavilo, uglenost ledene, ali zato četvoroprugaono sreće?

Skapola na utinu. Za, drugombe, već nepostojećeg, munjstevnost trovačke čarke predstavlja jadnački ucilj (na metrometini) zbog uskraćenosti. Nestali drukčije trube od nestajućih, kao što podkazuje nuđuređe u sredstvima savremenog spopadanja. Ajrak bem. Dok nestajući pevaju, pod gasom, odžaklijske pagode nestajanju, već nestali, podstanari kamfornij utija ništavila. pažljivije, pošto već znaju u kakve ih je Turke Mujo odveo, slažu moza(i)k svog zimzelenastog razočatenja pretpošlim ćoškom. Dalje, podalje, samo ništavilo, nešminkano nekrkom, kravi svoje fundamentalističko dvoličje; pa zar sad eto pa da. Nakolmovano ništavilo. bolan, nad horizontalnim ućoškavanjima, zaista da mami nedobitak, čuvsi, slušanjem, pomoćničko hripanje Glintonovij gmiljenika i zlokostvarnih duharoša na bosom splavnom spljisku, gre, a ne da li mu ni Skotatina iz Nišijasa. Ništavilo se izbliza, nekad, za pare, može, nekad, subotom, može nekad nazret nedge u dokusurnici kod Ruskog Kostura, nedaleko od, gde, telalno, guduraju nadležne strunjače, a pradirek, Boga mi, prutegnuvši se, mućka osmuđena testa nezanimljivih filozofačkih gnojmova, kakvih ima u *knjigama o đubrovniku i kretenesansi*. Prignjuren u uostalom. izložen podsmeha glagolskih kijameta, proklinjaču, tokom paklovečernjeg programa natotistickog cirkupusa, dan kad nisam shvatop da ništavilo, kao i sve ostalo ne vodim ničem grobrom.

24. Ništavilo, biće, mislio bih, nešto nalik na sazredno uspaljiv govor, trakasta intimnost mišomora, neobuj-

mna rasplinutost – u proredu gleđi – težuranost u sedam; pogledaš-gledajući jednom, kad ono tu, tu ono, pa zakovrnuvši po gunjetari. Skrenutim mi splavljim vratima ušuga, pa jokš ili ću, priznajući, pod otiskom, monolelejski, da me godine glodočašća po knjigama i ugrinama amaterizma u ništalogiji, pažalost, uopšte nisu pripremile za ovo, iako, otužno, ni sam ne znam šta to ovo jeste, brontološki ili juj. Čitali smo li li, ali, uronivši u duboke prokletepuše najtanjeg ništavila, ništa nam se ne okači o kožu, ni u snu, a spremali su nas, ni sami. Na primer, i po zimi, smotovi egzistencijalzma, na ovom urvinarnjenom terenu, padoše, kao u rog, u sentenciju: „Život se ne isplati.“ Drukčije okrečeno, od samog trenutka, od prvog čitanja knjiga kao što su „Formalin u savremenoj logici“, „Tanatoloska teorija besmisla“ i „Težnja ispod propasti“, sve nam je, bar ne meni, ukazivalo, besputno cvrečećim mutaforama, da jakoznana „ledena pustoš oko nas“ neće, zanemarujući dostihnuča autoritantrizma u nas, zataškati gostoljubive sumnje u opšte narodnu sliku ništavila kao totalitetnog skrovišta u kojem sve tandrče o nepromočive ontokratske neprobojnosti. Da; stvarnost rđavije stoji, bar što se toga tiče, jer to samozvano ništavilo, koje jedino zaista pretenduje na autentičnu obamrskost, ponosni pati od samrtnih rupa u znanju, zbrgavih rupa čijoj tančvenosti nisam nikad slugeranjisao.

Ako se iza apsolutnog mraka nalazi nada, iza nade se naziru overeni uputi za polikliniku (političkog tipovanja) pod nadzdorom ništavinski bepomoćnog sposoblja – na kremen. I tako se bivši košmari o događajim pred Ruskim Kosturom pretapaju u najlonsko komešanje nikakvih tričarija o nikad nepostavljenog pitanja o dopustima strasti u kajganama samogledne uduvarnosti. Kad se tamo vaspostavljala prva cigla ništavila, niko, čak ni samo ništavilo, nije obraćao pažnju. Zato nas sad nema.

25. Odvajakdeno – bih – ali, po mahali, samcato tražuckam isključivo, razulansko silosrđe, jer mi ga neće otpružiti, za tajac. Ništa nam si ništam, pa ni načisto, prene-

mažući trima čistkama, kako to samo Propad ume, onako natonanski, gotovo uvređenim letom mihuljskim. Ako se primiču samo detelinaste transveržalopojke, u kumiru mi, avaj, zulumućarivši, ni pod Boga. Da mi je. Već živim u ničitom destruktiviranom zatvorom, pod prismotrom rotre, ali ga gužvanjski isto, pa nije. Smirujemo, ali, manje, de, deder-informatkivno ću, ali ni sam, po groznutku savoj, ajajaj, punuli su ga, no ti. Ištum, po šalomatrijskim, grozopustom izotkivnim, a prazno, no da li su ga, ili pomerić, ko čime, a čim koga. Na prev, raspadoh krojadom, spravovetiočnom, i istureni izvesni hemičari, sve sa čarlijama i jumstvenim udremom, pa njihaće. Stanem, postanem, pa? Po ugocrtu, spotpisavši arazum, uklanjam (sebe pre svih), teleproskinezom dobrobuđa, gorom pad, a na stanje levkomaricateljno utulj. Pastvo nijedno, šta mi, kladeistički, to pomaže da raskončavam, na parče, i same prostatke živote, u nad da ću već nikad sleteti na izravnjena spopadručja ništavila, kad, kao što je većma orročeno, to zuđeno za, ništavilo potpravo ni makac, nego jednako čmugnjavi, nesuvispreno, na obraćajući plaženje na sve moje napor da se osmrtljenjem nekako približim obrušenim ravnicama ničegaštva.

Umirući, načisto, moj duh sputeno obnavlja, karbudnicama potončanog nabasamka, premoć i najbeznačajnijeg tračka ništavila, premoć nad mojom propašću. Nadajući se smrti, brzoj, sporoj, bilo kakvoj, vidim da protiv ništavila, kakvo ćeme već odalamtiti logikom dremežajnog platnog sljiska, nema nikakve mostodbrane, a ako mu se priklonim, ono svakim trenutkom raste u jektivoj premržljosti. U pauzama između bombardovanja, kad *zunzare* pređu na uvodni argument, i smrt nekako cepti, verujući da će ništavilo, koje je svuda, pronaći, poput tresetnog dažda u poimanju. Tako se gledamo iz dubine u. Smrt strepi od praznine koju ostavljaju prognani snovi.

26. U „Spanđaturi", a neki, nogom u cilindreći dimoluk, okretavši, ali pak; nećenjem ću, nego pa; ostavinovničko pravokletstvo što mi rasparuje smušenu krletku fengelskog

nezvučjaka, ako je premeriti odlučevine grobogrudne spanđativnosti po liticama muđuprisnog stogojavljenja.

Nije zalud, tražeći silostinju, Romberto Kalašnika-kov, pisao raspraviteljstvujuće magaze o mititološkim jazdemonima na prostorima apriornog velikog (bom)bar-da, poisca kljastoevropske književnosti na suzdržalju. I sam narkazuizam prvog, stogodređenog, dana bombardo-vanja, kad susve glintonijske katedre i skamije za lingvo-štiju znale za udac, umišlja, spravashodno (a kako bi?), pa ne zbi li, pravi trenutak za *bibliospletkarsku* inrevenciju u vazduhu; i zaista, delić sekunda pre prve eksplozije, nebo se prekri užurbanističkim rojevima knjiga, pamfleta, bro-šura. letaka, papirić. svezaka, lelektronskih poneševina, bambusa, gigantskih stolova s podonim enciklopedijskim objašnjenjima razvitnih događaja; leteli su tu, u dimovi-ma nikad glamoriziranih bitaka, prikladna jata biblio-je-driličara, koji su , leteći nisko, ali sigurno, objašnjavali narodu, pomoću rešetom probranih mehanističkih glasno-govornika i virova, statističku konfiguraciju vazdušnih na-pada – recimo, jačinu eksplozije, *registarski i kataloški broj bombe,* balavističke sputanje u kobno-novčanoj frustraci-ji, seizmološke naherenosti, etičko-moralnu argumentaci-ju, uz lisice, protiv bilo kakvog (a naročito presuvislog) pokušaja da se živi ciljevi zaštite od od janamanološkog intencionalizma usmerene, i vaspitno preporučljive, ek-splozivne delatnosti na vazdušastom terenu, carstvu neus-trašivih natista, neonatista i Kadžne Kongregacije Kopita.

Pored toga, sav taj dunavski doživljaj (prijem, ođem i savijem podataka) morao je neko besplotno katalogizirati, u pauzama kad su furune zavidele svojim privremenim stanovnicima, indeksirovinizarti i spremiti za pompu, fatal-nu, što će se, jednog dana, pre paklade, čitati (a Kamenko će) u fruškim fljusnotama prvih, a svečanačna nagrađenih pampurom u super-ego, kljakademskih radova o najve-ćem, najsjajnijem, najeleganutljivijem preispehu natista u istoriji zapadne crvljivosti.

27. Između benzolom, emiljenim, napunjem klepsi-drama, koje su jednako padale svima po glavi, naročito u setnijim trenucima (trenucima o čijoj su učestalosti nati-stički psihijatri vodili žustru evidenciju), neka deca, tro-godišnja, bi, tek tako, bez ičijeg znanja, nosila, u gluvo doba ponoći (stojeće) neautorizovane transparente u ko-jim sus e pronosile netačne, lažne, proizvoljne, nepreci-zne i uvredljive vestio natizmu-glintonizmu Na primer, prehrabri natistički lovac upravo, viđen očima ovog (i svakog trenutka) upire svoj patriotski infracrveni zrak na dete koje drži sledeći transparent: „Ne boj'mo se Glinton-seksofona, nas i Rusa 300 miliona! zrak pogađa u pogo-ditak, i, praćen, labavim uranijumskim metkom u obliku zelene klackalice (da zezne dete), dovodi do efektivnog, politički ispravnog, olbrajtovski ratifikovanog i geopoli-tički zasnovanog uništenja nevaspitanog balkanskog ču-dovišta koje bi, da je kojim ljutitim slučajevm izbeglo strasno zasluženo uništenje, verovatno poraslo da postane neki novi krvavi diktator i glavobolja za nove generacije natističke finoće. Zapadna istorija mora biti preventivna, jer, kako kaže Gaston Zabušelar, „normalnost uvek teži nenormalnosti.“ A za Glintona bi, naravno, neusoah i ovakvim odsudnim medijski akcijama predstavlja ključnu opasnost po njegov intelektualno-erektivni život, da ne kažemo elan, od kojeg (kojih) zavisi, veoma, dobrobit mnogih zaprdnjaka, da ne kažemo njemu sličnih po zem-ljama natizma-holofernesizma. I Glinton, čija se promol-no guzna tkiva nalaze uglavnom i racionalnim iskomora-ma srednjeg mozga (gde se ogavno komešaju monade i gonade), od svega uzmiče anal-utikarijskim gvintom, po-katkad u šrafu čisto mošuske skopulacije u razređenom podvuhu ovlašćenih ideja o skladnom razvoju libidinozno razmoždenim žabokrućevima u interesu natističke kopro-lalije u taktu Lukijana, u klubu mladih, kad su Salcman i ini, onomad govorili kako je „Merlo-Pompidu to već sve jednom rekao.“

U glintonističkim intelektualnim krugovima, izvanjači, odnosno nečlanovi (zemlje Afrike i Azije, nevaspitani delovi Evrope, ljudi traljavih rasa, itd.) moraju ući u svetoljubivi elektronski registar „intelektualno i finansijski nepodobnih." Čak kad bi Glinton u natotisičkom klubu ostao sam samcijat, ne bi to bio nepremostivi problem, dokle god bude postojao magnetofon (da čuje svoj glas, govoreći) i pojam mastodonturbacije, intelektualne i en tant que telle. U tom kontekstu, etika i religija se zaista otkrivaju kao fundamentalno nezasnovane i pomijaristička logička grekalica.

28. Danas bibliotekari, pod pokrosnjivteljstvo natista, natistkinja i natistčića, pripremaju veliko međubombardno poselo u cilju ubistava ideološkom masnoćom, i to u rasprostranjenim stredištima javnih sredstvovanja, pod čijim gluvoluk potapadaju: škole, bolnice, dispanzeri, jaslice, starracki domovi, i slično. Prema prvim izveštajima, ubistva su čisto moralno-politčko-vaspitnog tipa: cilj je naučiti bombardirano stanovništvo da sržno razume, u cilju sopstevnog kulturnog uzdizanja, pravu atmosferu anglosakatih kriminalnih romana u kojima se vaspitna ubistva dešavju u neočekivanim kontekstima: na primer, u bolnici, raspamećena krda bibliotekara organizuju, u ponoć, ubistvo pensionisanon književnog prevodioca u stručnjaka za iporednu književnost.

U sklopu takve, jasno predstavljene narativnosti, smrt pod kišom politički usmerenih eksploziva pridobija, zar ne, ne samo traženi ukus paradajza, nego i dublji smisao svega nepostojećeg. Redosled ubistava, međutim, potpuno, a prema principima dekonstruktivizma koji propoveda Jalska katedra za ćudorednu književnosti, ne pati od malograđanske linearnosti: drugim rečima, često se dešava da natističke bombe unište bolnice, i sve bolničke žitelje, a bibliotekari zatim inscenirju undividualno ubistvo nekako a posteriori, tj. posle činjenice, ikako je cilj planiranog ubistva već po svoj prilici mrtav. Na kraju se sve lepo svrši.

29. Ako, neko, nego – alam, iz neba, joštobud, no „Zbogradion", plavopojkom, pere sve, naročito moždano-poli

tičko jedinstanje, tu, na zemljigavoj ošturi. Slaće nam Komitet za Dezuništenje: ubiće čegmašljumba, a zaštobojno, ili mu: naćegovine, grobarikade. Pri komuništenju, ali ništa gore od odstvaralačkog uznošaju, a pre ću ga ripidomazlukom u štrnj. S druge strane, nevidane, samozli primeljznivco kađenog oštokavčenja. Pozamote, jaro, asem: ignoranke, pa svude; znano, znano, pa ni marendulica psinje šunjodlakavosti, čega ima, neće doživeti smrt na neistinonosan, jedini moguć u zemlji zlotpadništva, način, i to kakav. Na radiju, televiziji – iskljukčivo Trt-Mrt, odnošajno turska radio-televizbija sve skupa za zajedno morlačkom rtv, pa nam sve toroču u isti rog, na slatini, kako bismo slušali samokrikli prljzvuk jedne te nikakve oporuke na đumbiraštvo velehlepnim štenpostasom: u mnini ne gnini: škropir nam. Malo ulevo: gronohlogija.

U klopotu, neće li ga, spoznajem, hvrdnjari i hvrdnjarice lepo skleptaše, na eskadronjcima, samo da izmanipulišu, na terenu, sve dotačke veličangrizavog Sporazuma u Trtbuljeu, po kojem se uspanaćaju, na reze sledeće životodaćinske tačke: 1. Spalićemo sva Nastasijevićeva dela. 2. Spalićemo sve njegove de facto i potencijalne čitaoce i čitatelje (naročito decu) u originalu. 3. Ko se usudi da govori *srpski* na teritoriji Srbije da se se osmudi perperom na doživotnu grobiju uz svakominutačno uništenje svim raspogloživim oruđima natotističke koalicemernosti i da mu se deca i domaće životinje oteraju na doživotne studije na Rvrd. 4. Za narodno zdravlja na dotičnoj teritorije biće zadužena kapitalična pali-gasi klinika „Lijevno", koja smušterijama veh vekovima garantuje operacije srca, jetre, slezine, mozga i kerempuhelinskih zakrvljeničajnosti bez narkoze. 5. Pravni poredak garantuje poznata glintonistička reklamna agencija „Kadija te." 6. Suverenitet i teritorijalni integritet garantuje honorarna akademija zapadnoevropske psihopatologije „Džingis-Kan." 7. Obrazovanje, na nivou tunjevine, organizuje – Rvrd. 8. Saobraćaj, naročito ponornički, biće u sposobnim ručerdama krematorijuma „Titanik." 9. Za popis stanovništva biće zaduženo autonomno pluvačko društvo „Vernichtung." Itd.

30. Utom ptice zjelice, lipanjska glibanjica, hranoto-ljitelji, utumak na tumle, apostatisti, tajna služba božja, kaučina, praunuka Turkova s puranom, sve zakerajući pe-vajući: „Ajde NATO, ajde zlato, ajd'mo sa mnom bombe bacat' (pauza) „Hoću ti ga, gospodine, nek' ta bagra (od-nosi se na srpski narod, i a na ostale narode, u celini) sva izgine!" Itd. Nastavak: „Izginuće, nema zime, Glinton mi je pa prezime." (Odgovor je tačan.) Pored toga, vreme smrtonosatosti nam jetekako donosi (o odnosi) razgalje-nje parole kojim, reklo bi se, neprijatelj sebi kadi dzalum i uspepeo. Na primer: „Zajedno smo živa sila, nek' na prekid drusna kula." „U krugu smo nabitelji: purum čutu-rum!" „Talmug mi na fjago, klečne, guzaj, tropomorfno; zej, će-će prado, španjoluka peševi, kvrgom će ga greše-vi." „To slamu na nj neka vam je, pa ptujgnjinom gnoza, sve sa bez narkoza (misli se na hirurške intervencije u bombardovanim oblastima), uh to kakva groznjava, ugle-ta to skroznjava, oj njuro, njuro, čignem ga nogaro, vadim lug, grmi plug, sa slavinom seno, iskipela mašta, ništa nam ne preštavi, imao se rašta, al' u kući smeća, predujam ga teća, vakuljara leća, ishod pramaleća, ludi stroj, marta roj, undam cvanik gori Dancik, kljora riknu: eto vam dze-bana – Havijer Solana." Biljana klatno meljaše.
Beograd puši, Trepča se ruši. Vratite kralju Ralju. Gral rusinski. Danak u strvi.

31. U današnjem ništavilu: kesten para, po šturmnja-ca, pasiramo – kadi, gladi, gnjadi; pritom, surutka-mezi-mče, sudarnik ma telomeražnjić. Zimam, lu beličasti vru-sak časti i globode, koprenebregnuvši, a štuvš, a stagnev li, samo nar Čarapićev Brest-Lihtovski umir, sagnuvši se na ćate. Ostaje nam, dok se primičemo donjim nabasam-cima negaoločetno-pluralističkog ništavila, po receptu zlapota, talasima Save lipinke, virske, varantske, daju

nam, u celini, kao usput, za čitanje dela: „Glintonaginicu“, „Klepenski Virinal“, sabrane dopise članova rvrdske kakademije sablaznjaštva, naučne redove, „Jameriku“ Ivana Gorana Kovačića, parodije na „Kreč i Sisao“, turmalice. Takvo čitanje, naravno, samo ubrzava beskonačnost umiranja, po strojevitom strelometstvu, ali svi prozvani (gradovi i sela na spisku jamerikanskog generalbasoštaba), moraju, da bi izbegli lošu ocenu iz vladanju u fašističkoj školi jameričke nadokrutosti, učiti, učiti i učiti, upijati jamerički pogled na svetogrđe, i pored toga što, eto, baš sad, umiru, jer ako umru s lošom ocenom iz jameričkog vladizma, e, pa tek će tada pronaći nova nagomilana brda (i brdešine) sve novijeg i vatrovitijeg ništavila na zadatak. Po principu: bomba pada ali pridikuje; smrt trenutna – pridika beskonačna. Kakav paradoks: kao, umreš odmah, ali zato vekovima slušaš, dok ti bomba pada na glavu, Glintona kako kukumavče: „Sunem ke, sunem ke, tisam je mucao, tisam je mucao, kečem surac, kečem surac.“ Na to će Olbrajtica, u drugom delu dijaloga, zapatetičnijeg od Okrata iz Sulame, „Semoj nečes, semoj nečes (govori srpski), soću hisam, soću hisam.“ Kažu mi povereni ljudi da je ista „hisala“ svaku bombu – pojedinačno, nasumice, ponaosob i individualno. Pored toga, čini se da je Olbrajtica od svake individualne bombe doživljavala strahobalističke orgazme, nalik dvoseklim komadeškama materijalističke principijalovosti (akademagoške).

Neki tumači tvrde kako su sve pojedinačne bombe provlačili kroz nju, fizičke (bez „meta“), po uzoru na stari *jameričko-turski* praznični običaj nabijanja na kolac. Tako, dakle, treća sreća: genocid kao mehanizam češkog orgazma na jameričkoj televiziji! Potamo se.

32. Pečenje čalbe, kako bi, ali na nj, znotorne pujdurme raskalašnosivosti kad smo već; ali, dok poljski tonemo u nedverne čemernosti iskinute hitnje, u porom u porom, trube nam trublju, bez zublju, odnosno načuhno pa nu čiodušegubno (odrali svetogreh po Gabtiji); misli on onako, a ja, kao da postojljuh. Možda sveta nema (odoh),

ali jamerikuguljaštvo nam jemči (strofom) da ću uvek ču-
ti, i kad me više ne bude bile, zvuk, bas, dubljiu od ništa-
vila: koloplećku pujdurmašica, laži, sparalaži, sve u pre-
uzdanju Fredrika Šopenhauera, onog čeličnog, na Obaška
čaršiji, koji komadovaše ispiljenim truplima lepo unere-
đene vojske za obrok časti jamričke vojne sile i miles glo-
riosus. Teogolija od nepah. Glumljava. Nema me, nema
nikoga, nema ni zvuka ni prizvuka, ali i dalje čujem laži
jamričke: „Mi smo *istina,* mi smo *pravda,* mi smo *huma-
nost,* mi smo *nada čovečanstvo* (koje smo utepali). Ako ne
postoji, zašto ja to čujem. Zašto mi funkcionišu čula? Pa-
ri-hari, korifelacio. Dr. Sekula i mistrija od gajdaša. Uta-
ban. ali to, u daljinomerima kolibalizma, eto, samotužno
ništa, naziram kolone edipovske: kolone brukovodilaca, u
potražnji za skakućućim ćepinama, u kojima se kroje kri-
juge. O samoćo, gde si kad te nema, narocito kad nema ni-
koga.
    Dižu me zidovi. Tuvljunderizam. Nagrbusali smo se
u grudobrane. Neki jamrički sistem: ubije te, ali ti se duh
beskonačno davi u moru jamričkih laži i vrtoglavatosti.

    33. Pripremaštco sugudno, ti japoćelo-čelomudrika-
sto, samone na ramanet, ehtlićelnjikava-trepetlj; zaova mi
na azan, prapičesto nj. Sulundharma, kajgana pa na ip;
mutlja mi se, ponaokavni, e ni ežić, po kraknik, ćumerno
kog; pantljike li. Mene. Kao, izvore propasti abog aršiniz-
ma, celogojizma, zguglalo se, ponaćosob, ali u vrugnu.
Ej, rvrdniče, a sam sam krivudav. U rastoku jednog od
mnogih plagalnih buđenja, Rvrdnik, desantdžija, predo-
čerupava mi sadržaj prekotaka: od jednog usreta, jadav-
no, u bednoj sobi ispremetiljave ćelavosti, saznah sudbu-
nu butućerstva. Otkud mi ta raskotlepna praznoća.
Rvrdnik, telepatofondžija, rombuljak! Kaže mi, na prima-
sotno, da sam svojemoždnao, stvorio pogodnu klimu;
drugim rečima, svaki pojavničar, dinac, zašlužuje ništavil
koje ga je spopalo.
    I danas se sećam , iako mi ništavilo ne dozvoljava ni-
kakve promene, naročito vremenarne, zibljavo, o Bljutice!

Zatim, vidinski, logika me moli (ko se boji) da opravdam boljitice; u stvari, sećanje na prekomut, gde li pa prošlušičasto bagremujuce, vljuvo; grbi? Na primer, elementalno ništeće, od jatakopoentilizma, svojim rukama razgovorkanje. Uđem, tako, u Rvrdnikovu sobičastogrudnju (niko me nije terao); ali terale su me željeznice, sopstvene, lične, polupodsvesne, u nadi, prevashodnoj, da će se na žičare nanizna katedre za filozofitiku jednako povamipirlitati, *čak na zapadu,* shvatiti sanatu istinu, objektikivizam, kojordinate, groznatljivosti japatačkog reda u smatljevini, vratiti sebe na šanšulj, i pretvoriti me u Apsolutanski Duh. Ako napišem, biće. Jesi li? Rvrdnik je ćutao, pratći ma na koraku. Krivava šutnjavost, u praskoku ti avan zove. Držali su me u sobbicku, jamerličko, potpuno spozitivistički. Tada sam mogao otići; sada ne mogu; ali tada sam i ovako mislio; sad više ne mislim. Ni drugi ne misle za mene. Za sva pitanja obratite se ništavilu. Prema tomizmu, nisam stao, odnosno, gde zastah hlada klet. Uzimam pero, oduzimam ruku. Molim Rvrdnika da mi zatoči temulju.

Ništa lakše, ništa. Gestom, pokretom pera, bacam ključ od sopstvene zimnice u talojima večigarskog ništavila, nadajući se da će Rvrdnik (ime mu je Dr. Štajn) visibabinzozno oceniti moj doprinos zapadnoćastoj filizulufofiji. Štagabriga, a ni mene.

Pisao sam, rukama, plaordinate celomernog niuštavila: ovog sadasnjeg, amorfološkog, a i celoskupnog, onog koje zahvata razna čovečanstva i snaži totalnu vlast jamerličke zemljane kuglagerije; uništio sam sve kad sam pristao, poput studenta, na prljavu igru rvrdnikovljevu. Naravno, šta vredi, dugo sam mislio, kao da drugog nije ni bilo na ostavci, o idejama filofozskog Dekarta, prekraćenog, ubeđen da će rvrdnik prihvatiti moje šizoidne glasovire u glavi. Tvrdio sam da mi je biće važnije od kogitačnostu, kako u svoj toj intelekciji ima neke ontološke dvosmislenosti.

34. Svenugno, pakrar mi, samočujem dozlabogoradinosti sveutuvnih zvanicevonjaških filizufufa, koji vijaju,

predvođeni, Abdul-Levinaserom, voštinarem, kako se pojedinac, budući ponaosob, neostrojno odnosi prema ništavilu. Prvi simptom! I drugih. Dakle, bar znaučno, vidim ništavilo kao sobu, ili osobu, malterne čardak rvrdnikov, u kojem će me mučiti zbivanja, mada se ne pitah šta ja tu. Iz koje nisam (hteo-mogao) izaći-izići. Ja – jedno, soba – drugo. Ni žive klipovane preprečice; ni. Tu mi, pakle, nit, vez, prorez, pohabana prostornost; pred očnjacima; u glasu napeto nabreklog vlasnika pameti: predodređenost za uništenje; da sam rekao, a nisam. *Do nejednog.* Gomilaju mi se bezobličja; eto, zaboga, vukljam tu jameričku filozofirsku kancelariju (unered) u svesti već decenijama, a čekam; po svesti mi se roje planetarna otkrovenja ništavlijska, zauzimajući sve veće prostorasizme, a rašta mi se ba gu. Cepina neke zatrnule svesti tvrdi kako se, ugledajući se na, ništavilo spaljuje na lomači time što me podmetne, a gde bi ga. Ja bih da prepostojim. Kuća se gradi od pokrova.

35. Usmagmim mi, gnućo; jesam pa pafljumdžija, pa na ili. Elemad, otoič (ali gnekoć) nabasah na rasparene, pomadom zaoštrene skrupine teflagojnoj, sve u prenadi da ću se izvući, očvrsnuvši od upravu u glozbi Penihula Skrikara i drugih neličnosti. Sedmi basanak, nevaljno. Ili. Ništa to ja. Intelektualne vlastim, rvrdžije, samogliki – jednako se množe po cevotanicama mog nemoždanog tlačobitka; eto, gledam, tužim se samoizmišljenim vlastima na osnovu sobne neurologije, a predstavlja me, očešljanim redenicima, pozivnica na diskusiju o situaciji u mojoj svesti, na čičigenskom univerzitetu, u tum, u samohali Anđela.

Meni tako ništavilo funkcioniše: mislim, imam slobodnu nevolju, mislim svojom psoglavošću, vlasti ni od pokrovca, ako lepo odem, otidnem, u salu Anđela prisustvovaću pametnim razgovorima prilikom kojih će se iznositi raznolakna mišljenja i podmišljenja; tako, mislim, možda će ukaišeni smislioci u sali Anđela reći nešto svetosno, prekinuvši time prakosmikljarski generalbas sve utuljenijeg osećanje rastuće ništavnosti u okviru moje svenosti. Da se razumemo, sala Anđela, u kojoj se nalaze, između ostalih, katedre za fifikloziju i mrtvačke jezike, grozna je, neprijatna, pregrejana zagradurina bez prozora, bez smisla i bez duše. Subotom, a naročito preko nedelje, kad uprži maliciozno sunašce akademske aroganutljivosti i simbiotačkog fašizma, pojavi se, tu i tamo, ju i jamo, prekaklivi zračak sedmokrake tamošnjosti; inače ništa; u ćelijama po koji skalumdijaš prisajedninjeno mrtvačkpog šklopo-pozitivizma, grozdovi usirenih roboova koji provode vek pišući (po nevidljivim tablma) „Mi smo pozitivizmovi, beherviorizom je naš,, ili „Ništa duh" ili ništa, ili još ništije. Penjem se na sprat. Na spratove. Radijatori čvrče (napolju je vrućina). Zidovi se besramno znoje; provlačim, četvoronoške, kroz bauljajuće naslage vodene (teška) pare, kroz koju promiču akademske reminiscencije Opšte Kazne, jamneričko-ustavnog principa krajolike gadosti, učenja o poterbi da se život, kao nikakav, uništi iz principa, zato što je. Naravno, toga nema. Uvidevši, da određeni diskusioni salon u sali Anđela verovatno ne postoji, shvatam da će povratak u ulično ništavilo biti izazov bez pretka.

Deo mene još uvek je u Sali Anđela: uvek je bio i biće. Iako sam, posle višenedeljnog lutanja po iznutrinama metodolososkih radijatora u Sali, našao nekakav ishod, još uvek živim u živom strahu od idejno-vaspitnih radijatora u obliku uticajnog sala. Manje me ima. Niko mi ne veruje. Na primer, svedukljani tvrde, u novinama, da je sala Anđela obična zgrada za dirinčenje pod upravom čičikovskog univerziteta za oblande, a nikako lavirintoborna dušegupka gde se razgaćeni radijatori valjaju po plažama stugme, sve u čast mog ništavila, kako bi meni, ili bilo kome, prišili odgovornost za svakodnevne propasti sveta. Drugim rečima, kako primer pokazuje, ništavilo, mada ćuti, ne stoji, poput mene, čekajući da nabasam; ono (ništavilo) živi životom neverovatno rascvetane strasti, gra-

45

deći *filozljufarskje* sisteme, zgrade nabijene zahuktanim pedgoškim radijatorima u sred sletovanja, ivere kladoležja, mestimične kluposti za birokretenski utulj poslednjeg naporicanja.

36. Setom, prekom-pali naricanja, jesi limbuh, pa na đotom; kugalim, uglju, paljurke po znani, snebi lizimdzah; dahpurin, ućurleme. Naročito buđejizam. Tako me ništavilo budi: tu sam. Kako je moguće postojati, ostenzibiljurno, u platkanom morištu, u vis, ničega – tnužnog, ganužnog, skakojam? Zvaninično, ne živimo u religuji, ali tu, postramte, jezdimice, svaka laža dolaža, obleznice, razletnice, umereni krumiri, razblatnost, okohvatilice, umrak – i opet, u krokviru jazmetljive palikvizitivnosti, zemne notivši; kljam.

Nigde tu nema budizma; umesto čemerljivih misli o bogobudanstvu svačne mislitljavosti, graljave, o buđejizmu, od jutra do mraka, što ne pali, jer u razvodnemu ništavila – gle! – mraka nema, a tame pogotovu. Nema ni zasenčenosti, a ni čenovetlje. Nema ni odsutnosti, što znači da je sve tu, i ono što, i ono što se ne zna. Svemu tome, naravno, treba prisustvovati, bez pauze. Ako na paklenebu vlada večito samoblažensto (vid metatruljizma), u jameričkoj svjatnosti vlada, iz dana u dana (dan se ne menja) trenutak jutarnje pomame, kričnosti, kad svest, pogođena neumitnom zaseklinom autoritajuće zaslepljenosti, slavi večito pojačanje svetlosne jare što razara očnjacki vid. Nema sna; ništavilo nam garantuje lucidno bdenje, gde honorarni stogovi pružaju pojačanje metodolugarskim pirincipima borbe svesti da ostane na principu sebnjaštva. Vidim sebe kako gledam u sebe, a pritom svest stoji, a teče samo utokama, bez utočišta, a sve mi otoič, kao dam sam judejski čarapar.

Taman čovek avazuje tavanom, a svest se pojača; taman odu pojačanje, a dođu, svesmotreno, zmujezini jutarnje lelečke vakele, na gotovs: moramo, naročito oni, biti svesni: psiholovački, klasno, besklasno, izvitopernato; duvati u rog, krumhorn, trombulju; slaviti svest jutarnje agronomske agonije; pisatio odeme napretku, tehnološkom razvratu, umoru, poumljenju mraka; zadavati životonosni udarac silama sumračne subverzijeme.

37. Radije bih – ali – da mi (mu) se ne priviđa radočelnik *poluplenljive usmljedbe;* otidnevno, gnemoćuk, a snememmogavši za paru, uz kap, ali na uzmak. Tako, sena mi, cupkajućim nego lavor, da tavori, premegno, u odjuku sumorljivo smotanog vemena. U meni, bar zbog zovinog ukosa, gde pojekako, ovog, sučinjavlahu trimereno. Idijotovanjština, samo ga pristiskanje, u gladoležu, po jaragmom, taman. Kao ništa, naročito kad ćutim, mada, u razgovoru, nedoživljenom, po koja tarabljenost sušti po vremunji. Nekad su ispitivali vreme; tad će: „Pitali su." Na primer.

Razglasivši se, nikodžvši, po jamnatoj celinjavi celokrupnog Ništavila, od atara do patara, na pasjokozjim encima, pukne čudik, a na me. Iz mrakogruđa tek iskaču, jedan po sedam, neke skogrude prilike, neviđajno, kao da ih, a ja, ili niko, samo da bih, eto. U muci muka, tek da bi se splelo, utragom, u neko lele, ali simno, ćeretajući skalom nedogrđa, no priotamo se ne krlja. A samostrel? Nišgja kjuka.

Kad sličnosti zaćuti, gde bi mi krajolik? Vreme ne pita. Zato očajne slojevitosti vremenskog tajanstva, žudeći zenicom daljinizma, huje nakadno, gde bi mi pritrčalu u smusret. Utim razglasočast, sneno, žrtevstveno: „Ni jarim, vremugu mu ćorim." Sasvim. Znači, od toga ništa. Neće vreme, koje nemam, ćutati, nalik pesku koji se propinje.

38. Ne tvrdim da je sve isto; praprotiv, čak antijno; recimljivo, na celom ništoplanu jamerikančijske žderitorije, utom pomak: svašta. Čujem, opet urlaju. Normalnom svetu, naravno, sve bi to izgledalo: nap_rimer, eto, živim u ništavilu, nikome ne smetam. Međutim, po samom opisu, ovdašnje ništavilo (možda ima drugih) veoma pati, zlopno, od manije ronjenja po utrvinama (opet mislim) jedno-

radnog vremicoa. O čemu je? Evo čujem, tako, sad mi govori Hladnislav – zašto mi se nije najavio – ne znam. Hladnislav misli da je ličnost, mada ne postojimo ni on ni ja, a nariočito kosmos, koji je pukao, i za kojeg lokalni jakatnici, vakovlije i naucenjajčke lucprde tvrde, na osnovu nedokazanih otpadaka, da je (ko daje, ne daje) totalno propao, bez obzira na ontolokadžijski status, po mučinku, ništavila i drugih avljavosti. Tako, sasvim bezvese, u jamneričkim prostorima, kao sad, nabasam na basamak, a Hladnislav, ne znam kako. Prema dotaknoj konopcepciji kosmosa, on je hladnjikav, mokar, potklobučen, istanjen, a u njemu postoji samo jedna Misao, *jamnerička,* koja se vazdan, i bezdušno-bezvazdušno, ponavlja, bez obnove i izgradnja, sama, tek-tako, ujedinjeno-monolitno, ostavinsko-staljinotipično, kao sve vesti i nesvesti na stranicama Gnjus-Jork Šlajmza, novina za čitanje zlikovačkim mozgom, mozglivošću duboko obrađenom obraslim prevojima ispičuturastim pinočetinarima po kojima se, gle, grabuljavo vijaju kolone, a i čete, jamneričkogojskih boraca za ravnopravna prava smrti, štete, i apsolutne destrukcije i dekonstrukčije.

Ustvari, čista socijalna teorija. Gde bi. Na nekoj grani, jer ovde sve pada (naniže), iako intelektualne vlastu tvrde suprotno, Hladnislav dobacuje: „Ma nije, bre." Da objasnim značenje. Pre svega, ovde u Ništavilu nema dijaloga. Nema mišljenja. Sve je rešeno. Monolitno jedinstvo na nivou ontologije. Svi misle isto, tj. ne misle (očigledno, nema ni logike). Lako je Hladnislavu, a i bilo kojim drugim neličnostima i dvoličnostima da zaćute i da me preziru, jer, ovde u Ništavilu, mada se ništa ne dešava, intelektualne gazde veoma paze na nivo motivacije proizvodnje besmisla. Ne, moram prekinuti; kolege iz rudnika me zovu na prišustvujem proslavi Dana Gluposti. Idem. Zašto idem; misterija ništavila: radio-ne radio, sve je isto; živeo ne-živeo, još istije; a ipak me nešto vuče. Radoznalost? Desiće se nešto novo u svetu gde se po definiciji ništa ne dešava. Mi ništavaoci mislimo paradoksalno. Danas smo birali Crepednika Ništarije. Da, zaboravih, Dan Gluposti, 4. julnembar, dan je demokretenskih izbora Velikog Ništca, Apsolutnog Vladara i Neimara Ništavila. Svi glasaju, a Savet Šljampavih Akrepa (S Š A), večno i neumrlo telo koje se samo valja po davno odumrlim vasionama, kadi, ne obraćajući pažnju na umlaćeni narod (glasači) novom Ništcu, kojeg biramo svakog četvrtka, tj. svake četvrstaste godine (kao da ovde postoji vreme), i koji je uvek, jer u nas nema reinkarnacionalizma, ista neličnost, od Glintona do Vašljingtona, tur-retur, ista neviđena i nečuveno golema gomiletina tautološkog dubreta, što, izigravajući čovekolikost, jednako truća o svom svetom pravu na raspljuntu samoerekciju u kontekstu kordinacije geopolitičke usravniteljstva, itd., što, prevedeno na jezik kojim se služe stavrnosti izvan ništavilo, znači da se vrednosti i naročito stil neživota u Ništavilu moraju, po kratkom postupku, izvoziti u prostore do kojih isto još nije dospelo. Svaki novi Ništac ima novi plan, mada znamo da je sistem: isti Ništac, isti plan.

39. U neznambožanstvu svenudnam, pa ni sačkugije, a nema ni vratam. Da li rekoh, no tako li je u Ništavilu. Uvek gužva. Na primer, u kući isprepletane golemosti raznokratnih hodnika po kojima ne mogu, ne zato što, nego zato što ničega, naravno nema, što, daljim, znači da nikako ne mogu, a to je suština. Znači li to da su moje lične percepcije života (ne) u Ništavilu deo neke šire, obzornije, prevashodljivije metamušeme gde ionako svega nije pa na ćulum? U ćošku, iza ispucalih sezmografa javnosti, samoslojeviti politički pokreti na elisi; zavijene, zavrnuto odmazane siluete, tek da se nađe, politički ispranih ideja, teorija, ideja, iluzija. Iza kamena – *snop* smutljosti. Svaki čas – opet neko ništa. Dođem – odeš. Ne sećam se sadašnjosti. Po isprici, ali samo kao porubljenje, malenkošću. Ima li tišine? Juče – danas – sutra: sletovi, političke diskusije, pozivi na oružani opstanak: sve se dešava odjednom, u međuprostorima utanjenog ničegaštva. Mogao bih, jer ovo ništa ne postoji, zauzeti pasivan stav prema

svema, jer ionako se ništa ne dešava, ali u Ništariji su nam i sve iluzije privid. Sjedinstane Ništavilačke Države, leglo svetske demonkratije i kretenoidnog psindikalizmota. Danas nema više danas. Nema nas, ali smo dobro raspoređeni. Umesto mene misli gleđ. Koje bombardovanje? Tako meni Itlintije. Nisam išao na skup, ali sam morao. Puštali su neki film o bombardovanju, mada je po zakonima fizike apsolutistički nemoguće bacati bombe koje ne postoje. Ništavilo nema filijale po bićevitom svetu. Itd. Međutim, dobar film.

Posle filma smo slušali banderu, ili nekoga čije ime podseća na banderu, koji nam soljaše pamet nekakvih suludim teorijama o Batori-Olbrajtovoj, za koju se neke licnosti tvrdile kako je najkrvoločnija zverka na planeti. Ali nikako bandera. Ja (banderi): „Lud sam, a ne postojim." Bandera (meni): „Olbrajtova jeste satanara i glupa kao noć, ali, bar u lejama Ništavila, nju moramo braniti od upada jednosmernih cokula u Paranoju. Nije ona kriva sto joj pati nervni sistem kad nitroglicerin ne ubija decu – planirano, sistematski, poučno, prema principima zapadne demokratije, prava glasospasa i rintanije, a i sama deca, ubeđen sam, rado bi se žrtvovala (ovako ih ne pitamo) da obezbede još jedno prijatno popodne, mada u Ništavila toga nema, Olbrajtovoj iz Havelistana." Protiv ubistva – svi argumenti padaju.

40. Jerotimljustravšljanje po Mirotiđijinom, a puklo le: sada, a svada; uvek je tada; po gorjanom sažimljenu dubuk, a psomljivo pa snenom gu, jak. Budimo se peopisno. Mislim, opet, nejako-nekako zaduvano, ako-kao da me nema, no neasto, na maste, tiljivugu mu. A opet mislim. Da, u Ništariji – propagadljivost. Ima me ili nema, ali ni od sna. A svest, ništavljačka, sve njakako, samo na parče, a ne znaš koji je komad komadina-dinjastijski. Zaturih dozvolju za mišljenje, po nautobusima me jednako hapse, iz trenuta u nutljivskot: navodnjački, istekla mi dozvola za čitanje. Kakvo čitanje, vala... ? U Ništariji, knjiga na pretek, ali misao (mi koja) nikako ne prati spljiska-

nu reč: sve se lomi, drobi, krza, krši: otvori, kodeks, a pred nepostojećim očima mi podlokaten vretenjače novikomponovanih buljuka odrpanih misli, tufjemojih, sve ih na. Sve stoji, ukočeno, paraližisahanovački, a, u tom skočanjenom odbrlutku, besomučna jurnjava: jagma na bodež, trka za slavouranje: klanica: udri pre, jer nas nema, da se što pre nacrtamo. u vidu totalne iluzije u prostoru, na obliznoj strunjači, koji nema.

Do svih ovih događaja uopšte ne dolazi, a napetost i futurlamska izbezumljenost rastu geomancijskom učestolašću. Primirim svest vešatckim rešetima, o ona dalje, kao da nije moja, kao da juri, nekostrešeno-pšoglavu, ne bi li autokefalni vatralj obaloporozno otromboljila. A sve veće. Po stanovima i nekćama; hajdegerovitalski nameštaj, dezorganizivano napola-usindikaljene gomilice postdiplomskog sala, u trojaama; kopulacije bez fusnota; obezglavljeni štrapodaci: svaki otkucaj – autornjača, zaverenički nanosi vaspitnog ništljenja. Baš kad stane misao, otpočne sve. Ponekad, iz čistog očajanja, pretvaram se kao da je sada – sada, kao da je trenutak koji dozivljavam zaista neki doživljaj, kao da je moguće obratiti se sebi, kao da su Pesoini peševi nekakav jentitet. Zaštoć? Zvanično, ništa se ne mora; međutim, ako zaista ne postojim, zašto smo u stanju permanentnoh jutrenja. Otvorim. zatvorim oči, svest – svuda svetlost, po bilo kojoj brzini, a svaka introspekcija se pretvara u punačku kancelariju. Od germančuge – laptoglap, a ti. Od svake, zakonom garantovane, emancipacije od mozga: statistoizam, ljupke dušegupke? Erzebet Szabo nam kroji handžar, a folksdojilje na Sigmundunum Frojdanić, pa nam, eto, iz daleke Ništarije, i dalje pristižu oštrokončane note zbog zloupotrebe klibidinizma na potezu Sava-Dunajevski. Ni metalozaluđajnost po kriprepi, a ode u krezavičaj. Ubiutačna logija političkih govora. Budući da se državne granice Ništarije graniče s večnošću, državnici, dok zvekeću, stalno kuju pronevere o ratovima protiv omraženih naroda; u poslednje vreme se isključivo govori o Predmetu Mržnje, čime je sve rečeno. Mada se mržnja, ni upredmećena, ne služi

argumentima, mogu reći da je svaki trenutak, kojih u Ni-
štariji ima na bacanje, jer nas nema, više nego uspunjen
grozno nabijenim fasciklamama Glintonovih govora, go-
vorancija i pregovorancija o uništenj Predmeta Mržnje. U
lucidnim trenucima, naravno, shvatam da Velikom Ništcu
treba oprostiti: njegov je gnev čistokrvnička kivnost koju
debelo ništa oseća prema nečemu, kao što su nam to obja-
šnjavali lelejci. Ali zašto ovaj Predmet Mržnje, a ne neki
drugi. Objašnjenja nema, ako nije reč o Glintonovom jase-
novačkom jansenizmu; poput Paskala, Avgustina i Trum-
bljutina, on se, dakle povodi po vrdulejnim okretamama
dubokoodređenog fatuma na specijaliziciji na Prokletinja-
ma: drugim rečugama, eto tako, tera ga, nema drugog. I
opet čujem, Glinton, Veliki Ništac (biraće drugog, a svi su
jedan) tandrče, dok mase prozirno lelujavih magnetofona
skandiraju: „Mi ćemo uništiti, jednog po jednog, a i pona-
osob, bombama, bambusima, vatreno-vetrenjastim oru-
žjem, do jednog; gradove ćemo im preorati i poplaviti
sumpornom kiselinom, a onda ćemo im uvesti demokrati-
ju i slobodu štampe!" *Isti metak, isto postojanje.*

41. Smešno, Bergen-Belzen, Aušvic, Las Vegas, sve
u domenu-pomenu Vašljingtona. Bombardovanje Beo-
grada: okreni-obrni, 1941–1999, ista peta, isto podstojanje,
svi smo tu, tu su i oni: mahizam, maherizam, empiriokri-
ticizam, amerofašizam i *demokratija* u najčistijoj, najpre-
predenijom formi: dum-dum metak, u stravinkoli. Prvo
nam pružaju, pod prokroviteljstvom Olbrajtrtice i njenog
dijalektičkog guzičnjaka, eparhijsku bespomoć: šklopozi-
ciju, guvernersku, u paraobličju Đinđuvićeve (ništagu-
ljački predjakon) šklopozicije, da ne kažemo politutističke
mašinčine, po narovima, neodkazanim, jamno ništagu-
kljive štrapoti. Ceterum cenzuro, ali u Ništariji svi nevini,
naročito nevinari, odnosato poborzlici ništagljukačle slo-
bodarske štampurine. Naočito glavni nevinar – Glinton,
autor ništatnog kosmatizma. Rušite škole, deca vas mole.
A tek sabrani govori velikog Ništc: „Mio ćemo ih ništi-
ti, i još uništenije, pa ćemo ih tek sništiti, upropastiti, eli-

misati, pa kad potpuno nestanu, odnda ćemo tek navaliti da uništavamo i uništeno, kako bi uništaraji uništenih predtavnika svetlonišnog Predmeta Mržnje pevali uništene bajke o trijumfu Ništarije svojim pomno uništenim potomcima koje ćemo potom daviti, potamno, po rekama i gurabijama Ništarije i njenih velelepuškasto nepostoječastim špajsažima. O, Ništarijo!" Pored toga, ništarionci, oni koji ne čitaju, zbog moždane uslednosti, zadržavaju, uspehomoljski, pravo na naknadne naklade seirne uštve. Objašnjenja nema, ali pod svinjama. Na primer. Danas, jer toga nema, kao, nepriznato svojstvo utemnog razgovor, gde se ne vodi, ali mogu li? dijalog mi reče, misli, svojeglavo, tu mi neko opet. Rastvorim prozvoljne zavese, a tu mi opet montologija. Dobro, glasnost nekog glavljivog montologa, mada cujem: „Panika, kad kažem, panika na nenarodnoj šverzi." Mislim, gde mi sad mozak kad panika; kako ću se isplesti iz dezmotrenih kučina ovoj novodošljačkih epigruvotina na prarepu svakodnevnog ništafžiluka? Pa dalje, po koraku, samo ako mutljivost: proveden po koji vek, milenijum, svejednijum, okružen bubuljičavim ekserima, tražeći mito popokretstvu, ciljajući, pašenogom, na neki odvrćenje: problem je u tome što se svi odgovori nalazi u nekakoj glavatosti. Jušmir mi skoči u pomoć, baš kad sam mislio da ću se izvući pod pokrovcem kratke pauze u nihilističkim stremljenjima koje nam svakogodno zadaje ekipa iz Rvrda: ne, reče mi, reč je o pravoj panici. Otvorite novine, radioaktivna sredstva deformisanja, „Ništagoruči glasnik", bilo šta. Jušmir me prati, ćuteći, ali siktavo. Ko je taj Jušmir? Zakon ništarijske „egzistenice": svaki čas ti se neko nacrta, pojma nemaš ko je, a zna te u prste, kao da ti je dvojnik, ali bar vojnik časti i globode; pa ti priča, a ti ništa, jer smo ništa. Dakle Jušmir...

Sad je neko drugi; ali su svi isti: vasiona dvojnika, navalili kao ludi, svako mi sekcira po jednu misao, mada nisam ništa mislio već jedno hiljadu godina: pravi som, no ovde ne daju ta se vadaš na životinjsko poreklo: ne, darvinovnici ne pale: svi moraju ulježno kramparti u raduckastoj akciji za priobnovu Ništariju i lanac-katanac Nebića u Nevadičepnosti. Uj, bre: Predmet Mržnje, bre, gradi nešto, pljuju po sankcijukanju. Taze vest: nedonoščad, prerano nerođeni predtavnici Predmeta Mržnje, a priori uništene male sablaste pod ključem glintonističkog humaništarijskog principa „Vernichtung po učinku, a i totalno", dakle ti, grade opasne hitlernjače u kojima će ti, nerođeni predstavnici Predmeta Mržnje, biti i mučiti sledeće bespomoćne entitete: mafiju, trilaternu komisiju, ništarijski kongres, Glintona i svemoćne skapitalističke šporkoracije. Pored toga, u tim mlađanim hitlernjačam će se svaki dan vršiti neodobreno (pažnja, samo ništarijski kongres može odobriti, i ozliti, bilo koje uništenje) uništavanja, na bazi društveno-političke osnovice, celokupno stanovništvo naseljenog čovečanstva. Dakle, genocid, što znaci da su svi članovi Predmeta Mržnje retroaktivno krivi, jer kakobi inačhe njihovi potomci, koje smi a priori urnisali, mogli maltretirani civilizovanu javnosti, čiju smo mi televizijsku voditelji. itd.? Kako i zato? Na Nihterovoj skali, koju podatno zalivaju naučničejci na Rvrdu, opada skala nežieve; panika: klimaju nam se ontolugarske osnove, fundamentalističke, našeg ničegujnog društvenog sistema. Ništavilo biva dovedeno u pitanje? Na svu sreću, Glinton predlaže nove motive: obligatne abortuse na teritoriji Predmeta Mržnje: dva za svaki ilegalni pokušaj rađanja, pa ti gledaj. On brani ničegujno dostojanstvo Ništarije. Jeste, neki elan bljutal, ali hapsimo mržnjom.

Umali zaboravih, stalno pozivaju ne neke književne večer: danas (ili sutra) na redeniku je „Hemijski puding Kristijana Grozenkrojca", navodno predgovor, da ne kažem otpir, u kojem se sumatno, pa gumno kli. U stvarozno, diskusija, kakve se ovde u Nioštariji stalno vodnjikaju. Na primer, diskusija o napadu na Predmet Mržnjevitosti: „Diskusija. U tri. Glasova, ili viseći. Svi za, da se nadignu. Bez Mozgova." Tada se sve pogorša. Disonantne misli, na primer, neizrečene sugestije da polovinu stanovništva Predmet Mržnjikavosti treba pobiti, pour encourager les autres, izazove besomučno urljanje, u stvari najfiniji primer elokvencije, argumentacije i rvrdske logičke prefinjenosti (ova diskusija se vodi na nivou neuništive vasione): „Azvan, džazvan, grazvan – balvan; mrazdžan, prazvan, frazvan – balvan; srazvan, među, krudžvan – balvan." Obratite pažnju na retoričku proničljivost poslednjeg argumenta: QED.

42. Nedosvud, primiču mi se, u parenjacima, odsluženi (služicasto) predstavnici metakažnjizma (osubujna škola), za koje nisam. Po drugim jalovima, a u skrodu sa simbioznama kulike u Ništiji, samo lenglalj, pa, kako bih inače – što ionako, razoriv, to orno, ma iš. U svitku, to eneagramanciju: ćulim farizam, arčim štenem rospario sam, do uzglađa, svekako, multifrazno znanje u knjigama, ramno. U mislima mi ništa, samo kao prizvuk kladenovca za tojim: što bihno, a on to čistačkim zvukolitišjem, samo šnala okrajak prisebuje. Bez utešišta, a nekadno, prasno, uknjižime za pojno ziju, po ukorak, ne bi zastojna kamata oreženja samohrano prekipila u stojnoj znajnosti Volterove nadrilektičke geodezije, utamanjeno Gluiševom narkozom svemigrajne korone, no utijašući, sto krecijahu, zahumno, neprisutne zastornosti, oduzevši paranormalizovane pseudolišaje svetlotklasnih eova.

43. Asnemim, ti, nemlje, svuragom o upud, kad ono gljuravim li alim, to popud, a ne menjačnim mu, pokazamtijam. Naći položaj: u ništluku, pri ordinarno-marknom ništlucenja, to ni pokraka ne gzaždam, a od produbljivačke demonete za potkusurnjaču, na ferijalnoj pritraci, ne prisvukavši, a do petnih kopalja prežilavku; važno, uveravaju me prekupljeni jambasadori (i orice) iz Republike Srebroljubice, vrlo važno, klerim, da ideologačke prostore ranije posumraćene drugim neverama preplavi dijaklepetljurski amanterijalizam po recepljvosti markizma-lenjinuzvratizma, a i tako daljnato, po plugorini fljame, ozbiljmost ti mljame. Ne, ne preti nam. Naj taj način će-

mo tako. Razrik, odvodi me (kako?), vrišteći pojamno, izvoljevajući zapt, kao da nemam dovoljno praznoraznih misli da me more, povrh zbrzani morekaza, blagajničkih, u skupinama jednosmernosti. Kadgod oči, sviraju buđenje; u stvari (eto šarma Ništije), stalno sviraju buđenje, neko. Ako nije politički zbor, pod upravom mlakolukih zborana, ono nešto drugo. Svest nije prozor; covek nije žica, a sve smo, jer mi u svest bilo šta: gore-dole, jeste-nije, između-primeđu, hoću-neću, vidim-nevidim, jesam-nisam, toplo-hladno, blizu-daleko, otrov-lek, jasno-mutno, a, u suštini, peklo bi se, sve zabašureno, zamumuljeno, propalo između planiranih krhotina, krhotimično: raslojeno, rastvoreno, razmrskano, samleveno u prah i pepeo. Posle svega, svest se sastavlja ad libitum, na nestu voljno. Evo, otvaram, kao, nove prostore duhovnog velikog spremanja: mislim, posedujem slobodnu subjektivnost, u svesti, a horizont bdenja mi se, umesto toga pretvara u sparnu isprepletanost tribinske zvaničnosti, da ne kažem vodenicu, ako što reče Bergson, kojom se bezemrna tupavost kosmosa, angažuje u cilju ciljanja na ciljnost: umesto mozga, ogromna masa sveta. Čujem: „Druže Menem, da ti se skunem, ali ja ću, da ti branim po gorama (refren). Druže Menem, ne dam generale... „ Druga špica: opet nezemljano jutro: glasovi mi govore (saopštavaju preko modernog gnjusogovornika) da ponavljam mantru za buđenje cipova; drugim rečim, ako hoću da sam budam u Ništariji (kao da ovde ima sna, ali nema veze) moram da ponavljam sledeće: „U žličici kesten, jednom rečju presan, gde sam, da li sam? Mesec ni sam maj, oraščići bauljaju, zvezdočatac sabira, Glorija Kestendrv mi danas referent za sišanje. Sutra će me zašivati Fuđujarti. Nekoguć. Sada sam valjao zavese. „Hej“, reče mi jedan nečovek, potpiši blokej za bombardovanje Ukbara.“ Da stanem. Malo sam čitao. Neki pisci u Ništariji, naročito Neum Čomomski, vade crve, pitaju pisma. Eto, Čomomski, stalne piše neku knjigu po imenu „Šta hoće *ujka Šljam?*“

Ujka Šljam neće ništa. Ujka Šljam nije misleći entitet. Ujka Šljam (ni) je ništa! I sam se pitam, šta me to sprečava da postojim. Odgovor je mračan, dobili se bojler: „Ništa.“ Sve neki zvekan. Na stepeništu, među akrepima-postdiplomcima, upravo nađoh objašnjenje svega, odgovor na sva pitanja, postojeća i ne. Eto, ne bave se glintonijevci samo Osnovnim Predmetom Mržnje; eto, da im je kleto, posvetili su dve-tri večnosti napadima (bezvazdušno-ideobalvanskim) na Ukbar, zemlju izmišljenog trećeg sveta. Šta im smeta Ukbar? Ukbar ne postoji. Kad je nišatrijski političar i aseksulani manijak Njutn ubio Lajbnica, zbog čega mu je krastavi Rasl poklonio Bergsona na fašističkom ražnju, a priori su bili umlaćeni pra-principi koji bi, da su postojali, mogli omogućiti (mogućno) rođenje pisca, koji se ubi tražeći šestroricu kratokutova, dovoljno visprenog na napiše nešto o Ukbaru.

Ipak, ništarijski bombarderi se slabašno osvrću na takve prekljuke: ako nešto ne postoji, tim bolje, možda ćemo koknuti nekog ko, bar privremeno, postoji. Političari Ništarije su tu sasvim na liniji Izmeta Beguvija: „sve što nije ništavilo biće uništeno.“

Tu je mudrost Beguvi naučio, naravno, na isturenom odeljenjeu Rvrdske škole za nauke u Travnjaku, tamo gde se kultiviše ruduh i ropodska srsishodnost, pa dodaj mast.

44. Hoće li ikad. ali prema štekteniju, pa nurim; iš li ga ne? Štono, kad li će se Ništavilo, i svi pokvarnici Ništarije drusno veseliti, otkonačno? Drugaški izrečeno, ima li, ako će li imalini, u Ništavilu mira i škropoja? Hoće li se to? Smiraju lise ikad skatokombajni ištegluvarske rananuncije; a ja, kao tu, samo čekam da se nešto, a možda i ponešto. Ali ovde, povrh golanferijalizma, kažnjavaju zločine protiv nehumanosti, napade na divljaštvo (Ustav), itžlj., samo po jazbinskoj nadrilogilici. Ne samo što su laži princip ništarijakse teorije političkog podražavanje nego je tu reč o svemu, a niko, naročito mutavi, i mutavljeni, nije skadar protiviti se, ututvljeno, mrežastim neoprincipima, danoskočnog laganja iz škrinjcipa: uvek i pod svakim okolišajevima. Na primer, teroristi unište neko se-

lo, i sve živo: elem, Glintonija nabaci sankcije na selo – zbog provokativnog ponašanje, a i na svet – zbog provokljastog postojanja na prkosinama. U istom, stihu, akko kažu nevine novine, *Glintonisti* su dali frakljastu političajsku podršku sudarskoj tužbi grupe nacističkih filantropa protiv potomaka žrtava koncentracionih logora – naravno, opet je reč o krajnje provokativnom ponošanju. Kaže mi jedan okrajak da je Glinton – i sad ga čujem – svenarodno kukumavkao, veoma mavkurajno, zbog sirotog Ajhmana, sitničavog i ušljivog ćate, koji je, kažu morao da provodi dane, noći i paklice, pognut nad svodnjikavim svežnjevima, piranskim, nedorajnih dokumenata o arogantim pojedincima koji su nacistima otežvali živovot time što nisu hteli da sami sebi oduzmu život nego su taj posao maliciozno nametali pretprpanoj nacističkoj birokratiji, koja je patila od nedoumice radne snage, poriva, ogreva, prigreva, nadgreva i platnog spiska dobrotvorne društvene večeri „Oganj", a ja te guma-buna izem ti aspirin i nemačku laku industriju svemamožnog tlaka.

Pored toga, u Glintoniji kolaju teorije da je Hitler ispoljavao čangrizavost i neprijatnu ćud zbog neudobnih cipela i da uopšte nije vršio genocid iz zlih namera. Naprotiv. Svi mi nekako ne postojimo na neki nekakav način, a da se o tome nikako ne govori – ako.

45. Đumite, ako bi svebogzna, a ni – do štumlje, kažnjavaju bre, nalik, a što nazivkaju zločinima protiv golanferijalizma, a nikvako; e šmugmavši, britvikom, ali samo na samonogmešaavo, upali li tu na sagme. Humanizam je najveći zločin, tvrdi Potlaka Tlačić. Nije li kulturna? Pa, šljakom, bez prevaru po holocentrizmu, ugnjiv, ni što su, mi takornost; pri fenjer u jedan, iza mosta, preleti, ali glava mi sasvim bez misli, akko treba, ortodoktorno, u Ničegajini, samo takbe glave, druge sečemo, jakte, sekira radi, ujutru, a u uveče pozorišta, sportski stadioni, televizija – dušegupke puno: treba tim odsečenim glavama pružiti neku pristojnu zanimaciju za koju će biti plaćene u dolarima. Ne mogu, a ponekad tvrdim kako nemam vremena.

Postoji (kako može) uNištariji jedan fenomenom – ne znam šta je, ali zovu ga – ko govori – vrk: neka neprestalučestalost, od trenutkanja do boze, a čijim skutizmomo svako svaki svakom.

46. Ne umem da obrazložim, ali vrk im, tu, u Ništariji, zauzima podložne mjejstvo stvarumbačine, bez koje, ali s kojom, sve, u šini, trumblajvi, onako na opot, a bez da vi, nemogućajevimi, paljur, paljur – izmigoljevi zmrdarevini, po pasum, ali ježljivo po tu nurum, ambaš, ampak, lenica mi jur. Osmaški krugoval, a jurum – po koji, ne đuturbeg. Kuglaj mu nujurum, ašti mi po.

Tažlim po krudrama, a bronzanijske stepenice, jureći se okolo; svaka svest – nesvest; umre, oživim, smrkne mi se, a sve, a ništa, kad ono; vratulji mi se sve u moždanim alejama pelikana; odem – dođem; vidim – ne čujem; sudžba mu, ali kljujum, pa nego bih. Kad bi bilo razgovora, a ono ne. *Kljuvim.* Na primer, svi hoće vrk, rade vrk, žude za vrkom, žive u vrku i vrčištu i vrčistilišajevini, a na pojimaju linoleum ni neume za godom. U međuvremenu, Krejgalinik me čeka, na početku svake večnosti, iza svakog vremenosnoh zavoja s neizcrpljastim spiskovima (kovnica ovca) mrsišhodnih delatnost kojim ćemo, zlu trebalo, posvestiti nepokolomajne ramove vrka i vrkova, gde će štuga štugljati, a rubajnik flekokljurgati svaku neposivost laktajne nevernizacije. Tako mi govori Krejgalnik, ne znam, her ništa ne znam, da li je zadužen. Da stvar bude goričastija, u nedokuplju odbrambenih brimborijalizama me samo svegne tule li, a što ne praši, to nikome i kudgod obrneš, tu te stražarnice, u trima primercma, ubeđuju, i uvređuju, da ti vrk nije dovoljne nabreknjevši, da nisi dovoljnik, a pridostatnost opštoj stvari Ništarije ti nije na dnevnom spisku samopožrtvovanja. Mislim: kakvo mi je to nepostojanje kad svuda vrebaju rokobaročne opsesije u obliku seizmolikog sunđera na tagmuljmi?

Posvetiš li totalno nepoostojanje vrku, neko će u domenu lokalnog vrčista pisati referat, u teferiču, objasnisijavši kako, eto, goreneispomazani nije pružio sve od sebe, i od tebe, da baci stari svetlarnik u služiljubivosti jagme u nebilibruci seno-slama. Kregljuv bi i dalje o vrku, ali; neće zaćutati ni ovako; daš im nebiće – hoće još.

47. Čavmičarski, a potlipolemuj, odzmičemse, potagano, ne bi li lišce, a to sve sam derikožanac, prišiljeni, i šiljugu; svaguljim. Priznajem, jer iole trenutak vrk, ili jotokakvije vrčnosti, samo po sebi, ne vlikuje, ni na po stratištinjištu – a gde Boga iza strnjika sve nekakve pregubajne džumletine, ni od povojnika pa suđ... Nije to samo, bar ovde u Ništariji, otpojaznost vrčišne klisterije u pojazanju nedobuđne okrajine nego i; a ni sulundarma, hodobesčašće, ni pokusišaji prijemljivičestine, pri svekogruda. Recimo, krivudavosti, a to u obličju holografički naredne imitacije holandsko intuicizma, nameću mi neke nepojamne radničarkse akcije, projektleme i nesićušnosti, tako bez – što ove mora biti *uredarski* okončano, i to pre početka, jer posao nesvršen pre početka ne vredi ni zapocinjati, kao što zna svaka pravostavna sviramida, a ja ne. I tako, uvek u ništariji, po kreketivnosti u naslugama vrčnosti, od nemila do kojedraga, a u Kumodraž će pristići neka prekolučna glotila nerazmeštnih hotećnosti, onako dapaklače.

Upravo mi zamer intuicicijašlijka – što je krajnje nemorlačno, jer, strogo uzev, nas ovde zaista nema – da: „Ne valja ti kosa, sav si smušen, mnogo ne misliš, kakva košulja, ne postojis ispravljački, u skladu s propisninama Ukletbe.“ Istina je, u Ništariji se svi ponašaju kao da postoje na zaista dramatičan način; otkud ništavilu tolika energija, eto pitanja o kojem se neće raspravljati, u nadi da nezaposlene večnosti imaju pametnija posla. Da, da, u pazuhu pauze između obligatorsko trovanja psimarnošću, udri, čitaj novinie, skeduliraj vremence, puni kalendar raznopraznim skeduliranjima vremenskih nuzodpadak – sve u svemu ništa, ali smo zato u stanju stalne napetosti, kao zapeta kruška. Gle, najzad odmor od govorotužnosti: vode decu, ekskurziviste iz dubljih dubina Ništarije po regionalističkij pramuzejima Glintonovih lučevina i ispljuvaka kako bi ih lepo, i to vaspitno, udubili u pravoshodnu harmoniju demokratije i političko postupidništva ništarijske političke priprostitucije: holografska obličja Glintona napastvuju decu; ogromni kazani njegovih prdeža puše se, a decu tu guraju demokratskim rakljama, uteruju im demokratiju u život; vaspitači , jedan po jedan, padaju, obeznanjeni u okean sramnog smrada, mnogi umiru, ali im zato priobalni buljuci novinara i Njujork šlajma odmah – kako bi deca čitala – pišu omašajne, lepljive, trijumfalističke, glorosisajne čituljevine i nekrologobajno mu! De, ne mora Glinton ni rec reći, nego sva ta mijazma, te izlučevine, ti vatrostalni nanosi raspamećene spergojnosti – sve to deluje na čitaoca, i to golemom silinom, i slinom, utovarivši nezaboravan ugođaj, pogotovu onima. U svim tim mrtvačkim dimovima vidi se sve: Konstipucija, demokratski odradek, bljudska prava, odsečan stavi prema rastavljanju glave i tela.

A što se Rvrda i rvrdnjaka tiče, odmah izlaze, i celom tom služju, akademski radovi, jeer nije reč samo o predsedničkom prdenju, nego treba govoriti, autoritarno i o aspektima Glintonovog *natprđa, potprđa, priprdnosti*; a semiotika nam takođe vabi elementalnosti opsteg rasprda, a tek ispohajno fenomenlošku mehaniku političkog mehanizma nedosmrdno podpranog mozga u samosvikloj litičavosti nemušte muštikle, o čemu ima već kod Zvekantoroviča, naročito u knjizi „Dve mešine vladarevog tela“, a kad li će pući?

48. Ma sve koješta, neka suštičava priča, ni sam, a nije ni onakvo, prišipeljanerski, ko da poskok u. Svakog prenutka – sveki film, i za gledanje, u dalj, ako ne i glubao sam, dudu, seđmoše na sprudu, primam klatve, pišti klatno, razgaljenje spreme: viču šuđmurleme. Ne, nisam mastematičar. Iako. Rekoše film – da, kakogud i pasvuđe, mada se, motavši po kišovitim sprudovima, tu u gradu, zamišljajući nemačke predele i sudeonice, a sve odlazi, uvrh, ni tužne knjižare, koje postoje samo na prema okutovljenim slojnicama, niko, pa ni sama ostavljenist, neće

pružiti slikovito trenutkatanački mir da načne rastuću grozoglotu upijajućeg ničega u i oko mene, ako se mnome, i na meni, uopšte može – ima li koga? – kračunati odvedom...

U zab(o)ravljenim hodnicima ugasle svesti uglavnom ne vidim po koji melanholični strnjik, pored zapuštenog rudnika utabanog bergsonizma, okruženog malicioznim pacovima i ofucanim istoričarima kromantizma, u njuri, istek pa na oklog, ali, umeste vesele pesmice sama ravnice, slepljeno sivili od neba do zemljeblja, jedva po koji tanušni prolaz, kroz koji ni mlaz razbuđaja da ne šikne, a u tim spotocima samo razgrogačena filmska muzika iz, recimo, krmek-dela kao što su „Prošle godine u Islamabadu", „Sekira, futrola i melanholija razočaranog kundaka" i „Petar Šođmoši."

Poslednjepomenuti film, naravno, priča je o meni, u moru nepostojetline, jer, poputa Škatezija, samo znam, pre šege, da je sve opisujem netačno. Vaistinu, ja sam Petar Šođmoši, niko drugi; živim u razglubljenoj jatagan optimali, u stvari u naglavokomponovanoj operi, pod naslovom „Petar Šođmoši", *gde je sve potaman,* život lepo teče, svi lepo postojimo, naročito ja, niko nkud ne žuri, a okolina svakog trenutka slavi i hvali moju prijatnu prosečnost. Uživam u ničemu; bilo koja arija iz opere „Petar Šođmoši" deluje kao protuvotrov, potpuno zaglušujući zle tonovi koji sačinjavaju društvenu tresituru svakognevne mehanofunkcionacističke okoline u kojoj provodim žičanu otamu.

49. Palim psihu, Šeđmane, ali mi tu ne prija nikakav alikvotni prozukli išijas; bel lopte, unaušav, nalij ti seizmaštvo i krunjenju kuku, a tom fjako ćemo. Šta da ne pričam, jado, kad se iotako sve nagurilo i rasčvrnđalo, ne bih ni sam utijuknuo na dozlabožacki kamiš. U Ništariji, javljam, stare zemljanosti, a ni pridodnog afekta, uopšte nema, ni za otravu, a ja tu čovekoliko gudim, ne bih li štotimice. Vreme, ali samo susretno, sto će, naumno, reći da smo se negde odučili, ali močhno; ili, gamski odrto, kad čekam na danas otire mu strašnjica, prašinom vlakastog

psujeverja; nisam na dolami, a kako bi odhitrio, inače, svegokukli rastur. U svakom slučaju, ne samo da lažu – i administrativna astronomija, nego sve uostalom. Tek-tako, tvrde mi, nao osnovu čunjenica, otpravno nadležnici, da jesam i samo posam po rednici nekih neodgovornih godina, i drugih vremenskih podeoka, koje se ni na šta ne odnose, a imaju napismeno, tojest potpisanu dozvolu da me sistematski dovode do i odvode do čistokršnog ludila, bez ičijeg globalježnog nadrikomentara, samo što ni sam ne kljuvim zašto sam, ili nisam, bledovinovnik.

Juče će me terati, rokovištem, da gledam „Prošle godine u Islamabadu", onaj film obletno posuvraćene podlokanosti – zbog porezoreza na klamfnu (svi potpisali). Žaleći se na povećannje prostori, uočavam da mo tu, oprt, u regionimljenim klejama letuckabanizma, koji, i prijatelje, moram financirozirati nemuštim odlukama o razvoju manolitne čestomišljenosti, bogumuljaške lažljivosti i naštelovanog lepka. Očigledno, kažu mi vremaši, i Ništariji, kao da ne znam, postoji samo jedna misao, koja uopšte nije misao, a nije ni uopštena, a Glintonjari je drmušaju nekom zarđalom ručkom koja je, kažu, volšebićki, povezana za čantraljno moždičasti čvor u kičmenoj manipulanti svakog pojedinačnog građanina zemlje Ništarije, što, od daljnjeg, lepo znači, ko voli značenje, da se otok i otpljuv te iste misli svakog tronutka kontroliše tom istom ručkom, a znam ko je. Ima tu, nagrabusajući se tu, i drugih, koje niko ne pominje, valjda da mi prilježno zaštitili papratoborna prava Nove Laži, koji termin eleganutljivo obuhvata sve novije fenomene, bar u Ništariji novokramponisanog duhovno-religioznog života u okrilju narodnih masišta, što ne objašnjava intenzitet samonapujdavanja među vodogrdnim soliterima sklonim samohapšenju.

50. Pevaju, Ništci, „Po čumama i gorama, Ništarije ponosne, ide štete glintonjara, spravu gljizbe odnose." I tako, sve u neduhu Nove Laži, ili Laže, da ne kažu, kako su ih razgalioci naučili „Laž nuvo", što se ne mere mešetariti. U modi, bar u poslednjem razbroju, čini se, hara ta-

kozvanični „obezglavljeni izgled", što sasvim odgovara mentalitetu i obrezovnim institucijama Republike Ništarije, gde ništa ionako. Slična karta, a lepo te uhapse, bezveze, skinu glavu hirurskim putem (ne treba narkoza), opet uhapse, sumnjavo, a onda si slobodan da te obrabe u hatidziluk, za egzilj-kremen, eksponat u kongresnom bibliosvinjcu, ogovorno breme, jetina, udar o pregršt silježi o lrošnjeviti sablažnju, i tako. Na teleziviji, oh, po koji, treći listić, a nema ga; posle će, post mortem (ali to je ovde isto) govoriti o važljivim političkim išuima: „Jedan išu, dva išua, tri išua, četiri išua, pet išuolja." Time će sve biti nerečeno." Član crkvenog cvećarstva, u stvari ništa, no ad fanatuzmum. Obalimtizam, od tu. Gegam po štici. Teguljaš – prema grignji štolovane kvarknjače. Nema mira. Malo-malo, pa biraju dežulegiranog viktimca, da platka ze sve što im, ovde u Ništariji, nije potaman, a toga ima više od zgraničarskog preminuma, po zakonima ustavne ništarhije; drugim rečima, previše. Ej, svaki drugi ti je viktimac, gubilac, lozer (vlasnik pogrešnog loza), gnjida koju treba gaziti – administrativno, krimentalno, ranoranilački, uzorno, pozorno, požarno i u nekim ljadovima. Viktimca, naravno, mrze i prezire, iz dna ništačke duše, ali bez njega bi bili sasvim ludi – kao da već nisu ludi, ali nema veze, jer, ništa ionako nema veze, naročito kad je, tobože, povezano nekim pseudologičkim tantijemama prevashodnog skanjeranja. Na primer, ako neko slučajno, iz čistog kriminala, ubije viktimca, zločinac dobija orden, a viktimca teraju u unutrašnjost, u glad i jad, zato što se poneo krajnje pasivno u nijajo u aktivistickom duhu ništarijskogindistrijskog optimizma. Često se desi da ubica tuži viktimca zbog nanete štete reputaciji i renomeu.

Krajnje neprijatno, biti povezan s viktimcima. Svaki dan se klanjaju nekom ekonomskom svecu, po bezimenu San Kcije. A ima i postojano delo: vrk. Šta je to. Stalno teraju da neko vrčište (geografski ujam), tamo gde će se vršiti vrk, gde ćemo svi zgnusno vrčariti, u horu, što predstavlja sreću, jer ako činim veći vrk od komšije, biću cenjeniji po statusu i upustu, mada niko ne zna gde je taj status u dimenzmanjama bez prostora i vremena; ali, nema veze, neka veze, nije nagrada nego nagrda, ali ludimo za vrkom, svi se kmičimo, ko će više, dudaro, već većina više i ne spava, i ne živi (pleonazam) bego samo čini vrk, ne hajući za očigledni paradoks situacije u kojoj je nemoguće praviti razliku između gorih i boljih vrčara – kad su svi danonoćno u vrčnog grču, u stvari cela Ništarija ti je jedan megalomanski vrk-grč: sve stoji, umrtvljeno, čekajući da ih vrk spase, donose neko rešenja, u tri primerka, a, naravno, ne znaju, jer ništa ne znaju, da u vrku nije spas, jer je vrk ono prokletstvo od kojeg nema spasa, ni u rakiji, ni u smrti – a kako bi bilo spasa u smrti kad je u Ništariji smrt, kao ontološki status, sine qua non?

51. Hapso Humo, privredna zdrvara „Klebeum", zapnite, pantjače – ali ti di, zvuknjem. Raspolutaneri svuda po svakuć, a štogma li, zarez mi bi? Počnem, recimote, od Rilkea; nenarodni pesnik, nepriznat u Ništariji: na svakom koraku zabrane ispisane po neonskim panoima; u najboljem slučaju, kojeg nema, vlasti dozvoljavaju čitanje, u sebi, po nekim neparnim autobusima, posle ledarske ponoći, ako te ne uhvati kontrola! Zatim, tu su kritičari, prepadnici mazohitnjaske kritike, tu, da odmah skoče i objasne, zlu ne trubilo, da je sve to zamka za varku, otkinuti slepoočnjaci: u stvari – ništa, samo reči, jalovo naslućivanje ničega: priča Rilke, i slični, koliko hoće o nekim duhovnim svetovima iznad i iza, ali mi u Ništariji znamo da toga uopšte nema, da su sve te fantazije tu odmah iza, nedaleko od lobanjske granice, od prelazi koji će ionako biti fizički zgromljen u najnovijim velikim stremljenjima kulturnog krampona sve svedržavnom planu akcije.

Potištenost je jedini dozvoljeni oblik društvenog nebića. A i parade; njih održavamo svaki dan: prohodi, sprovodi, krakohodi, zahohodi, kockarnice sa šljokicama, razgaljeni semafori protiv smisla i cilja, apoteoze i hromatične testere nepatvorenom protiv svih oblika života i sveta; često se pridružuju i halogenijalni buljuci turskih muzičara i operno-bozadžijskih badavadžija u najkosnenijoj tradiciji habzburškog osmanizma i sudžukizma. Ma koji njakavik, mislim da sam poštovani čitalac časopis poput „Gnjujorkera" – kao, rekoh, svim čitaocima, a i svima, psima ili drugim ljudima, što javno i egzistenciobistički kupuje – gledaj me kosmose! – kupuju knjige, u radnjama, za pare, ističu profil, kako bi zasenili grozprostaštvo, profil škrofulastog konzumentalca kulture, da ne kažem primalno đubretarskog iskladišta sv. Kulturnjaka, apostatiste finijih osećanja u jarku svakomesne bulježi na grarku šizme. Ali niko te ne pita – da li? Sasvim kšatrovački, neuljuljkano, gde bi mi nebio krajak, bez jagme o koju se jesam-nisam spotakao, tu, Ništariji; čista nagaza, ali uminula; neđbudej, strogo netrajeno, samutljavo. Čitam, po stotinaški put, Kvencov pamflet „Fljukrika nečistih umćara" – i čudim se završetkanju po ničegiji, a toga i nema. Da zlo čuje, ali zlo sve čuje, a kraj, najzad, nastupa u trenutku, ovom, kad malicijankalijum Ništariju dostiggne familijarno hilijarni intenzitet koji ni apsolutno zlo više ne može da dosegne. Drugim, rečima, u Ništariji Satana zanemeo čuda. Pop nam popom: Glinton. Šta da ti kažem: materija – zlotvar; etika – metzulum; postmodernizam i tranšatanizam; zlumrak zlabogova, zlutmina tamani tminulu tmazdu ahurovačke zlotme, a Zlilari Glinton sprema zlimnicu i čita „Zlikovače zlažnog zlonovca." Zalud zleće zlumnost zlakla, zalud zlatra zloma. Francuzi, stari obveznici Ništarije, ponovo osnivaju raznovite i prepredenjačke religije, po orozu na starozlobno zlobožavanje zlontiteta po skupštinskom imenu „Etre inferieur", na Cvetnom Trgu, u Parizu. Vijaju se zlastave na Beloj Kući i Bledom Jahaču. Sasvim ufitiljio, na Rvrdu: Odoktorat srušio Romula Avgustiranog, Boetija opet ubijaju, na teleziviji, iz čiste dosade-posade – na Marsu. Hešim, šiljihašimbaša, sve u natrnjinama: zlutumuljak, kandilo fletljivog erešca-čumvirijaša; hajdegajdemo, zloteći, po hotimičinama, zvernjajući po zapoadobranima, a možda samo u dlanovima, kojih uopšte čega, učamljeno, zaspid šolju, gde snutkano gdibiš, no kao Šišmptuljak blagdanoj obnožja milostenjem pražnične burgijašice, pa kom hrkandilo, čekićare, a soršanke, dovratanke jos s iz sela nema da dedmuti jenjavu murdarivanjem kleteta. Naravno slušali smo zlobveštaj Krljžnjakura Anamprd, krovinjarke: Hrišćlam, zavničnu religiju zapadjenje polukopke, u naše krajeve doneše nevini trgovci iz Teksas, a sve to inako potiče od bogumilicionarske sekte, iz saobraćajne škole, koja je zadužena za moabske testamentarne semafore u Međutunjskom Zaveta. Sva čast giljotinistima sans frontieres: od sečiva nema nežnijeg leka!

52. Ali čekaju li čekaju, pomno, neskromno, ali patajumno; hoće li doći (enoga, enoga enoga!), kad li kad, mora, bez zavrzetka, da nas spase. Prilikom nekih, mahom slabo određenih perioda nevremena, u Ništariji se temperatura podiže do prekonormale u ceremonističkim obredima iščekivanja Nižeg Bića, kriminalnog Spasitelja, koji će, ujamno, ukinuti zakone, propise, etike, norme ponašanje, društvene instucije, pravila ophođenja, civilizacijske tekovine, društvene kontekste i koordinate i lepo zavesti opšte sranje, legalizaovati večnu strahovladu krvološtva i permanentnu revoluciju apsolutnog nasilja. Sloboda za svakog, sve je dozvoljeno. Udri, ubij, siluj, pali-žari, lomi-drobi. Verje se, naročito među rvrdskim telektualcima, da je predstavnik Nižeg Bića, ili samo Niže Biće, glavom i bradom, sam Glinton – sto bi, naravno žurno pojednostavilo ciglenu situaciju. Očekuje se da će Glinton jednostavno potpisati ustavni dekret o opštem sranju: ustav i svi zakoni će biti ukinuta; ostaće samo jedan apsolutni zakon: pravo jačeg. Novinari su oduševljeni, a i ševljeni. Mada će obrazovanje i svi oblici kulture takođe biti ukinuti, Glinton će, u blindiranik bornim kolima, vršljati po školama kao čelnik ništarijske oslobodilačke kolone dželata i nasilnika: hej, silovanje je veliki posao, zahteva vreme, a vremena nemamo na pretek, treba i ubijati! Rvrd će sve to posmatrati s naučne tačke gledišta. Jeste, svima će biti podeljene Nobelovčane (štrkljaste) nagrade,

na potlumak, naročito uspomenjenim – ošljarno – porivima ljudskog dostojaničarstva: jektava na štukuk, uz pomoćništvo črtljuge, ako ne zbog CNN (Carevina Nemilog Nedraga), ogledala pravičeste stvarnosti u laži, a, pritom, i utomlejno, ubljujem se, rasklemblesavljeno za prigođaj članice ufitiljene, zliomice. zlobljube. Šmirglaj, vele mi, naprej, jarko mu sunaščege, jašćegorči su lamo kalokogotaji ustreba, ali lovimo li čestice, sveštice sami mi na tulum častise se, ej, da nezaštićenici snatno glancaju dvoslične bajaderikože u uliceju rastroćkane globode. A sami smo samo bezjak štošte na štašte; akamo fjačinom napojačne slonurvine od mazdeje do kuramfera. Pocepivši vododjeraj, ja, glibno, šumareći, muljam po·umastionicama koločeperja, a sve; dosta, odvalio me zid praha. Kancelarija mu Jov, a druge knjige.

Mnome vladaju prisedne sile, ostavinske ripre, nečaga još ništija; prazno jošte dubi, jutarnjački, a i nepostojanje je prevelika milostinja za takvu nekrevetninu kakva sam ja i moje jaće – što šta će! Zatražiću. Dozvola. Ukinuto. Primih dokument: Existenzverbot! Achtung! Čitam: Slepi u magazi. Mešteno mi je da ukebalizam štucnje: retrokvistruljambužačka štrikruljemastingvernjačevina. Ispis iz neživota: nema. Tražim, a crkli dabogda, ali ne daju mi U Frenezića Do. Sigmamski putevi, prenazano kilama, silaze u Kiparis. Predeli: *Pištolj-Magolopolis,* vratimo se drvetarizmu, lingvističkim ratovima na sprat – bez etažnog grejanja metanom, a tu smo, bez razloga, joramte tamte, striži pržun, kači prepone, skoknuli me, kraspopio se manđur, javni razgalimatijas, ležurka ležić i pornografičkom zavodu, nugođaj sepljive nanule, cašistička Fizma. Film: vratite inkasanta: „Grugrujev i Čapajev." Vernichtung, uz časicu Vermeera, da ispadne Vermeerichtung, onako, odmetnički. Inkasapin, od kuće do kuće: koljem Balkance, za ništarijsku proizvodnju suhomesnatih proizvoda. Ćuti, memoriju, kaže Klinčić, tojest, da ne kažem odnosno, autor romana „Knin."

Zavežljiva tavoruckanja po kojima. samo neke gloskule leleču po caršijama materijalizmicanja. Iskopine nas kore, muču mili moje: ne mislim, dakle jesam. Sumarno: čist pas. Parasimparanoični sudovi *a priori:* slepi, mokri i nikakvi. Nema sumnje. A sumnjakavost me neće graniti u Ništiji.

53. Šićmara, paljenasta – e, strdžik, ukljanski. Utmem, a da ga (me – opet stakleni glas), šmugnuvši, ispratiom kaledžiju, ali mi ni neki što ga ni vošte u nekojanom paraštosu od obarmlog bakelita. Linijomastiljavi, ta hnuna, a, dalje, gršeno šraklo; moram U Bezoč-stan, gde leblebija odliva, gnegnuć, po glegalnici samopukog rež-reda,a glu li i neka zrivreda, samo kao otplužna kanaletina, zvekand, gde ćemo se prekmije, zlak li tu ma jošnes – bitneš: kakav sam, kljakav, sumirem ti se za sameebe, odulad i svigma, nećeš ga (je) skrastirati sve do svedoka, uzeli mi, otkažem, ali za, nje li, u zna, ma koji Tručin, ili Trućin, ahajevski – jest' da li mi san općežni princip ladila – samo ja, samo stan, nema sloge u Pamiru, jednu gutu gutujem, a mi, krajednako, samo sitničarolije u našem gorušiluku; ne, pabirčimp oškembetavljene prekomućnosti, a vratilo mi se u prvom? Mogu li taman? Ni svarijanta; a muzikljilj radi, u bašti. Sarkastski Okean zlotote: ništa samo iza-ispred mene-nemene. Sada ili (je) ništa. U tađmabuđavenini, sviraju Gnosekova talambarska nadridela, u pratnji narodne magaze na tevjem: ode kradosti, njicom će takmac-dustabandžija, krojač pokrovinjara. Kljukam tavanicom novim vriskom; bez usplaha; ističe me utrčavanja; ladno, u kabanici; a tako, nemim, onako, sam, odajuću stoštu snebivstujućim se snuždenostima, isključivo u domaćoj radinosti na postrojenju sedmočuke kaćiperjanice.

Stogovi nr dopuištaju razgovor, tako baršunasto, ni obeštićenicima, kakav sam ja, po zakonu prenude i pogažnje. Strašo, sve zabato, bratimarenje mi po so, a u poskoku svaki mu mu, pa ni sam, a neštimice, opet olovčano, nahero, kako ti i Mažentije, nikad ni samoć, samo je napala, dvoseklom kamašnom – a ti, gledaj: kreč o redeniku, simbolovanje od triju katastarskih spomijara, udir paprat smernom parnicom, skao sam do ničega. Kačim kazan, podići se mora. *Vremenom,* zločasovnik isticajne potpare. Sudeći po premetanju po praoprcima, nije. Netomuljaj, a neće otići, jer kud nema stačnost, nema zlaz. Pržnica sam iole, veli. Zato, nastravlja, idi u Abgund, ni njega nema, ali ćeš se zato svojski izgubiti, bubotačno. Klaštovo, protivno plikovim odmetačinama. Dangubavac, priznajem, ali promaja ne sluša nego patikom. Sve je gotovo pre kraja.

54. U poslednje vreme, ako ima, a nema, vremena za bilo sta, a o staćenju ni da porzbori krajolišaj snegnuća, pomojnog – koliko god te akva, a ti, ni ja, po onako; šta će li to jarno, sebno odbežište, gde ni etažnog sna, ni Grujičinog blagdana. Po koje grobzorje – stajanstveno! – pa kakvog ušnira: prepade me Zgrušenjka, novčajka: od kreča nemam večnijeg meraklije. Bez odbezbe pristup svećeništavilu – prekipeće veđe od veđenosti: Šklajpoleonove pobude kod Bajrama će spotuljačiti. Smaknusvši ovši, li prenoskos osobujaznosti na a škrtiori što ionako ne prestaje, tu, samo da mi je kraj. Priđnem: prakrtljače , škrupe, zatman, matman. čita-taras-tamas, rudž, odvlakina prestva – od sužnjavče moram glirnuti, kako bi leje čađeeramlijske luđakonije po somuntavim kaišima, otponako, samo tu samujem, rojenično, čengelenderon čužni čekrk čukujem, ništiji služim.

Ičem, okolo sobranjac pred Predbrađem: u politicajnom jarku zabreađene nedopustivosti od odstojanja na jedan švadrat, a ti tako, i samohrano psoglavatim glubljinama Psametkivog Donca (Ahmetepon i Metonije); ali zato Make, da ne kažem Šlajemernik, tlobradni remetnik humusave šivice; i tem, Nablus ivičajnosti; nisam svičan ivicima, vid mi prividima, ma sumnjača: svigaj gromovničaj, bez osnove. U živici Ništariji, poput svakijeh, opšte trpeljstvo: jesam zgrdnik, trpljivo potopljiv, zvezdanična mi skanjerijera čisto trpljenjaštvo, pasivna gvintesencija,samački zakriljen senicma Trpljogorskog Fušera u cilju platežnog palježa. Svitkevič me benavi, viktimarenog, ušljarenog plementinim bakljama stropeštantske guljatorske etike, nikako da se raspametim! Dzedzim u iščekivanje neživota. Odrastao u sarotištu, bez loguke, strepim u brohinjari! Tri čekića! Svuda: vodoklatnjiva opkladišta za rasad, a tamo, iz nečije skupštinske ručerde, srkali čelik, iz tureckastog stećka – teraj ćumurca, mućni gluvcem; no bezmnogo mi sve to dok su išci truležovali, da ih skutovi služe hlebardama, sve pamučno, samohrano. Idu, po kučhama Ništarije, traže da se upišem u Ligu Suicidaša, kao, to će pospešiti političku situaciju i rastur bombokratije po svetskom šarognonstvu! Kako da čovek ne postane kutijaš, molim slepo? Pa nisam se ni nazvao, a već me vabi 666. koljaci apsolutnog ekonomskog ladoleža, skrama industrijske pohote. Klateinos, zreknjača me pali, pred očima, Rembrantovim, mi kolone ćepinaša, zverandentalaca, žitelje Ništarije, ukorak, da ne zvizgori: ćurokljive skočnice-očnice, plakočne, u ćilibaruštunima rastrobljene sezmiguke, kuke i otike: mučno praznozorje, obamrskostu tminjarne grobuhvaćenosti. Istražni čemer!

Ušiji i dušu: njišu, ruše, presisavaju, krećuci se u prašinjelu obamrle pravetine, kao? Više ne znam ni ko je Glinton, postoji li. Sad, kažu, njime, kao otomanautom, vlada Velika Profuknjača, kurveštija Vavilonske Centralističke Kulešije, niko drugo do njegova žena-sestra-bliznakinja-izrod-masturbo-mlazno-štrojna naprava: Gljilari Glinton: monstrum-krvopija, avet sazdana od gnojnih ispljuvaka Olbrajtove, a Satana, manji od makova zrna, beži u mišju rupu kako bi iskao utehu od demokratskih institucija Ništarije, koje, mada je stanarina u moru mišomora veoma skupa, ipak tu žive i goje se na masovnjackim talasima rastućeg otrova, uz armije drugih insektoidnih nebića. Kažu da mu je (Glintonu) Vavilonka podviknula: „Bac' bre te bombe, ne mogu da živim, nema mi ovde dovoljno krvi, presvišnuću." Oj, bre. A što joj dovode, svakog dana, školske autobuse pune konjske snage – da je siluju – i slobodoumnih stanovnika Ništarije (da im pije krv i jede mozak; da služe demokratiji), to, niom ništa, ni mačku u rep, a, kažu, i mačku je pojela u nastupu nedobombavnosti.

Kažu, Vavilonka bi rado proždrala celu zemlju Ništariju, ali joj filozofi sa Rvrda predočili da se to kosi sa principima nihilizma i birhejrviorizma, prema kojima život ionako ne postoji, ukoliko nije reč o bledunjavim metanaforma, koje, ionako, ništa ne znače, naročito u svetlu koljačkog remek-dela istoimene Vavilonske Kurvle, dela pod naslovom „Potrebno je celo selo da bi se uspešno preklalo jedno dete", što se videlo iz priloženog. Pa samo, otkinem po neko splavkasto Gunavlje, dajte mu smetlište naroda. Govoti mi niko, a protivbauljaju bez otpreme, da mi se pastva ruga. Ko je Sabara Korek. Oponaša neko rasplođe, svuda strožinčad, a seire li sekire, zločin u kazanu, zamlatim mamlaz. Kretenkalaisan sam, frugaja mi tihmir! Gataju me po krivku, sudi Gruboj Pepsolić: pretvorih se u sobu bez prostora: ovde smo isključcavo res extensa, sama samica, odnoso biće mi samica i kosmos, krak jecajm zjalovost iznuđene, za cimet neću, prepoklada me za prikokleđe. I ja sam metar, om mašine, materijal za fašistoidnuegavu preprečicu; zamjatovih u kladovini; butefljundur; ne, i, metak, mi nagrada, prema dirinčenju – kontratrošno. Ređmuđe *paligrajske* šuđme. Događaj. Glupovluke. Eoj, Šranjo, čestito tkoleno! U kragnovenju, prepast, pojava filozofa u kafani. Kažu, svaka ljudska aktinost je nehumana, svest nas dehumanizuje, a naročito post-egzistencija. Apsolutno strah: nemam šta reći, a provešću život, u Ništariji, mučeći samotničku muku semantematičarske mutavosti, o čemu će kritika pišati po sabranim delimičnostima. Jedina mi je svest svest o pomanjkanju svesti, a stvarnost je neprijatelj, neprijateljh koji ne postoji, što ga čini još gorljivijim. Percepcijaje neprijatelj. Čitam, tako mi kaže neki holandski časopis – „Nien."

55. Čekam te, na u. Tekst, naravno, na bilo kom, a kako bi nedrukčije? Očajanje – trijumf roptimizma. Život nalazi besmisao u sanjivom uništenju. Znanje – gubjenje nevremena. Vreme – fitilj. Opasnost – dosadna. Inteligencija – gubital energije. Glupost – ram za državnike. Stavrnost – roba. Ja – on. Laganje – nikakav izgobor za

muziku. Istorija – sadistička refleksija samočhe. Budućnost – demode. Život – loša investicija. Određenost – konfuzna. Istina – nestajuća tačka prozora. Mišljenje – muzej surovoštanih figura. Zlo – kvintesencija spontanosti. Ništavilo – konciznost. Kosmos – narogušeni autobus. Hegedualizam. Meskućnistvo jaćevine; melanholija pararizomse (Čegmašićece) trafenomenologije. Ukorak, ide mi, ali svi kljutevi vode u zglobalizaciju, samo što, utajom, lopovluk vlastiša viri, cimajući luičevinom „seno slama", kako ćemo, ali samo, u sabranim jamunskim pesmicama (na čekrku) čarolajnog pesnika-štrapatrootužnog Čabroslava Psimića, velikaznenog prijatelja sopstvenog (i svih sopstvenih) naroda i odrodnosti u Imperiji Ništariji. Pomoći nema, kaže nam sv. Tapetar: Eče glomo: štva vadiš, domaru. Stoj! Utom uniđe mi ličnost – nije Petar Šođmoši (ja) nego – Dr. Oskar Otam. Elem ti ga, Dr. Otam, autor knjižice „Giljotina u svakoj garaži", začepnik principa „kolac u svakoj škrapi", nije samo sekretar-Bugarašanin, nego i pobornim opšteg pogubljenja u društvenim slojevima, po potrebi i nagonima registrovanog i rehabilitacioniranog stanovništva neke opštine.

Tako sam. Mirim, samo da mrem, a utam, seni li mi – ješmom, što prakrtljača Bbine gune, a ne samo paraklopardijske frunježbe, nego ćemo. Tu i tamo. sto prišipetljavine, jašu li jedro, za Belog, a nije ni studen. Bez toga, odrazumite se, najuri! Arum bu, treći kreča, nekako zabaštrano, ni u najum, protivsvilajno će – nekako truplom, primivši ulubljeno izvinjenje: nemaš pritek, lekajući razdurene svetionike letećeg mlekognitivizma, na šte, ali preko; drugom, čitaju, po rujum na, da se vratim, od nestvari, lomno sivilo; ne seća se, početkom visećeg mu sivila: o, gletopišče, jag, okoliš te, jedinarske predmetačine, kad onu fačlovahu (tijem) sve, od čmavljive šteke do ekstazbinine ratotvronosti na utum. Sećaj se ziddista bez izlaza, a tu smo svi: cigle bez proznog reda, listovi unatač, retropasivne luđenice, divni turlumi. Nagađa, u jeci, – e turibus munum: jumlja te grubaška na jesetri, kao što bi ionako odkrojani krojač stilske letve, da ne kažem

Ištvan Koločanstevni, vlasnik svih misli i osećanja, tam'te ovam'te, ni nikako, pod uvidom kloparajućih dezmotrona, iza ljakave ledine gde Pentovaradin lešeteru li, re, dok ludaci vajaju vijak, čupajući (liostom) samcijate upute za neurološko krvproliće iz obrazovnih razloga, kumeći behar grostote – samo da mi ga, za neki, radije prošli, odnutak. Zazidali me u Tobruku: obična razbava. Dalje, post-moderato – volite li ekopolitičku raspregu premašinom – kada li će – kad gos'n Pade kaže „kade" – ljosnutu brimborijum sedomornog prekrašaja, da, lepljivo, svi odemo nekući, a ne, onako, smuđeno, rominjavo, u podsveznatljivom krezdoblju nerečene.

Razmađejevina – prosvir da si mi, tljikava ljaralice, ali nije li to, gljivom, Gvidrisajlov, predvodnik ekelačke fobije: utnem ti kamen-muđaš, a ti, sa istog opstajališta, vratiš mi vratešinu, Neki čir, nekako, ali među ovlašnjenim rogačima, pevajući: Klasje lasom po ržistu: žešutog ga više videt' možda, zavisèci ali od pregnuća na kamutu. Ogledajući se, naime, ništavilo nikad moćnije: svakoga ima više od mene, čak i sasvim nepostojećih. Vucibatine naforom drljaju žitote, podnoiseći kritkovače plužičkog novca.

Ej, govori – ne Moskva nego – Silovalhala; drugim peronima, Eglumlije Natov, rascopano betoniran Fransoa Otan. Prepade mu student Bakovnik; treba mu neka preporučerda, izvađena iz domena 1300 plakara, nakom pokljuke. Još uvek sede. Sasvim mi svaki most tuđ, a ponajmanje. Osećam neku fantastičnu, razdraganu nemoć. Graknem: „Znam da mi nudite nerazumje, ali hoću da me smotuljis, gjaro, u prčvarnicu pretvoriš: za zaluge za narod, u tećem redu, ali nizom balkona: počuje smetnje. Tada su, naravno, pozvali Kačinovića, koji, gradeći se zidljiv, uperi cevarnicu na bljurmavu štanglu. Sam da izniđem iz građe. Izbezumljen, uskliknem, sasvim pravnom ljubavniku: Dzadzo, nisam Kjevič, ali samo me, gljamo, polomi do brzuća, a ju ću moliti za krajnike, ili, nedao se, lepuškasto meste u komšijskom krmaktorijumu, da bar budem pečenju kad me neće za šniclera. Zatim, ne glibeći se, dežurnik nikogović me uputi stazicom pesme: I bio jedan pas, paljevinasta opercija ireverzibilna je; postaćeš zembilj, a za sve pritužbe odzlokovaran ti je opružni sud u Krvoproliću, opština Miligruda." Do čega me neće dovesti bušna vika, ali kako! Ali ovde, nijedan korak bez skupo plaćene kontekstaonice. Stožerska kontrola, žandarežljiva. Svuda – birosofiti čuvaju ustavno pravo na potištenost. Kim-Ratina: svakog dana vozi se kvadratura: tetrebovanje u Bregalničkoj. Utabane magaze, bezbrojničke odmaze. Lišaj: jado-bedo; hemiju ti milište; neđu li purlum,a jesam li ja, po naredu, nekakav dovitljivi čanak: pre svega, gugljam, ganjaju me patuševine po evaru, večnost mi razblažnjeno dodaje nepareni sekač, Gikajev mi se šunja po novinmskom pišomoru; više ne znam da li me kancelarija zarezuje prem kljaci. Istek, međutim, istraje, po ceni smuđuluškog blagotečja: šašolje se. U razbaruištini: raskol. Priručunjam se. čundžijo, a nisam top nego totalnik; a bude li sekir-janja, neće klikad klijati jaseobina pohovane muštre. Skrobutinom – sve redom.

Merka me tu neki nujundžija, kreposti, dao ka će baš, raskrečeno; ali jurtom juri talog nemoći: žrtav konja sja, kesirdžija ja, a duhzvuk vazda (brazdu) zamišlja, ne bi li otpludeo na lućuk, grešetljubajevski, ne shvatajući juštinu, *nadajući se sve nekom šmiraju,* zgrađenoj luđajevini, stotno, protiv čega: tu, samo, gnjaloga, ni nisu: ništađe me prima (ali ko?), sklobno jaštarim nemanje. Vitlajući cimarnim koturnjacima Mratuševine, a sve same krempitalice: moram, prenemažući se od sveneznanja, moram moriju, došao mi Pitebsk.

56. U Ništariji nema: misli, osećanja, sećanja, ideja, govora, razgovora, života, nade, promena, napretka, sna, buđenja, uzbuđenja, knjiga. Pisao-ne pisao, čitao-ne čitao, živeo-ne živeo: sve ti isto, tojest: nikako. Zato, da kažemo stogovima, pišem „Nikloga", ravnajući so prema burgijama, lepuškaračkim. Pored mene – niko, ili Ničovek, autor mnogih, sasajle, da ne kažem basajle: ali, čovek je zlopak, mada uopšte nije ljudsko biće, a neće ga ni

demonkrati u ljudskom obličju. Ovde je svako, vnenasta diko, ne samo odluj, nego i aspijdurma surog gresultate: njučaci, sve gučeći: hej, mrmljavine, pokleknite. Vremicajno, tu su suđmene gromuljice ništavila, na pruskok, murdarežljivo, podudarajući se. Pored toga, stalno neko ophodočašće: ponekad naletim na nešto što se zove „život", a niko, naravnjački, ne zna; nepojamno, a ni ja: šta lije: ništa s njim ne možes, niko da ga kupi, nisu ni mice, gdesumice, ništa mozak ništa svest. Navodne, hvale se neki porivi, ali bez dokaza o arhetipovanog drmusanju. Na kraju, ništa, ni reči, ni zvuka. Da sklopim misao. Dakle, pasivilo, u kojem, nabrodno, tavorim posebna je šklopocioja šećerdilemne tantijeme u kojoj nema. Na kraju, ništa ne pomaže. Na kraju, ni kraja nema, da se njime odmorimo od živice. Ni kad stane. Bre, sad se isdiže neka autonomna nervna pokrajina – kao da imamo vremicoa za geografeme i paragrafikone; nema ni prizogovra, ti-pa-ti; preko tlaka jajujem, grmeći, zauzdano, tražeći mutljivost od nenamerne priznanice kojom će me oduvati okean na ulici bez koje. Pasmina stražu. Ni sam sebi uzgred. Plaši me predračun bose noge. Zapetljam, kumeći po koje Sitomorje, a ono, nećkajući se, kad da smo juče – iz iste halabuke harambašibozluka – po zluposti neznanom, kao, rekoh čatili prugu. Original – sedmokrak; mesto – nijedno.

Tako, to. Niko da priupita samo znanje: kako se oseća, šta ga boli, da li mu žežir potaman. Šuđmaktik taj moj stiljaški klobuk; ljubez prepojamnog Haračlampija, polikrapavog. Prozirnjače landarajući stepeništa politbiroa Eš-Ke-Ga; tu samo sumnjačim, cimetom. Zaesli topovi u krug, melju Platona; čekaju me vrata pred tim liftom. Praotimkesača mi ti troglogidačevskog prostatkluka, alište, ime, samotajnog bunara; trenutaknost, jeferim, a kad (tad) trutljaca, othranivši, progleda razbojem, zapravo ni tomašnja tmutnja. Nijedan, zaprasno, trenutak ne valja, a neće ni, ni za nevolju. Kvintal? Umanjena rutarba?

Sad moram, vitarim, neće prestati, jer mu tome nema, jer ne osećam nepostojanje, jer mi svaki puteljak besku-

ražno skakuće po sletlji; i netremak, posl;e slatkog buđe-
nja, sve bleđe, svetlije, čistije, Geteborņije; a koja li će
tkivnja za razlutak sve duže. Kažu mi da je veoma kivan,
a ni sam ne znam, mada mislim da je za tu apsolutnu kiv-
nost, koja će me večito progoniti, kriva, ako se o sukrvi-
ci uopšte može govoriti, paradigama emblematične obja-
ve na početku smrti, objave koja formira, razoblučujući,
čovekov ceterokupni životni put, od šrame do paganutlji-
vosti. Zato sedim u Blamiru, do krajosti. Nema bezizlaza
iz kivnosti, kojom smo prikovani za besarabsku tarantov-
ništu; nema karokanovog letećeg topuza da nas brani od
Musavog; nema ni jezika; nema japave štedrinje; nema
štedrog jedra pačvaste vilice; vraga bi .mi stao na utrlu
pastlinu vonjastog; vraga bi se uzeo s kivnošću Veličajni-
ka; umesto toga, šoraju kućevitosti, sagovi jurcaju, nepre-
mostivosti se kače o. Bez obzira na sumnjivu dreku, ne-
će. Da odbakljam sutrašnju smutnju, a ionako će mi sve
biti ravno do osovine svih protujnih sila, idruženih klim-
perija kojima je jedini cilj, jedini u majke, da me opet uni-
šte i izbace iz vasione kako bih, i to cilju, trljao neku le-
vu, odbačenu planetu totalne flugme. Da, simotračno
čulo, kao, postoji; usporenim priktetom po koji klibažur
neobrazložene, gutaperjanične, silogizmom okovane jera-
mejske bljytaverini otegnutog papkizam, jedine bideolo-
gije u nas.
    Odnosači-splavovi (a neki tanušni glas, kao da je u
meni, pišti: „nosac, nosac" – mislim valjda, „nošač", ali
kak bi, kad u Ništariji ništa baš ne nosimo) izigravaju
mutnu graju neodređenje usnosnosti, brižeć stragu za
ostale, jer znakaju ritekako, naročito onoga što ga ćutlača
proburazila. Glašnja istel kljastog; ljušteći svaki oblošaj,
šušaga jenjava, a samo isklik pramene otužbe za prekop-
tak izvore. Jeste, odnosno, jesten u mojoj bezosećajnosti:
čist mekušac. i tu se nekako mora, ali šta? Dakle, moje
„šta." Talasi gore, horde gnevnog peska, na francuskom
prežalu: tu bi mi život, da ga ima, spektakularno propao,
po koji put, u znak zahvalnosti; treba odati poštu toj kiv-
nosti. Svakljiva kvintesencija – iskljukavno marke „Re-

mer", u proizvodnjikavosti; navodno, vremico – samo plaeћna, snebivstvjuжa ulica u kojoj niжega nema, ni nje same. Samo me gleda, љto znaжi da je metronom, ili laik zentropije, bez bezbojnosti, bez bezbednosti, a piљem, staklasto, ka da sam neki neplaжeni gordinarius u sluћbu insistbe. Jedina teћnja, mislim niљta. Buduжi podvesnik, zahtevam kredloge zmagnetizma, punoжu zjapeжe przniжce, nedelo velehauzmajstorske heraldistiжke gudure; ne, nema kluju.

Жitam: bez memorije; slike жute; govor se prazni; u stvari – niљta; prekojaka prekretnica, navodono: potplaжeni privid; u stvari, prostor liљen prostornosti, a mislim da жe zgaditak biti neka komfornija ludnica – gde жe se uspomene same izmiљljati za moju upotrebu i pretraћnju; gde жe mi neznanje praљtati; gde жe me neka luksuzna intromantija voditi ka dubinskim hudnjacima nekakve otdihne dubljine. kojoj bi se, po tom idiotskom scenariju, i sam divio, kao da nije reж o apsolutnim tabanima idealizovane gluposti! U Niљtariji, sve љto жovek жini, a i ja, potpada pod skategoriжnost fenomena „feljur", da ne kaћem lozer, љto nije lozadћija, mada liжi, jer u Niљtaroji sve liжi na neљto drugo, buduжi da drugog nema. Nagrada: klasna komora. Autorsko delo „Cicijada." Politiжka zdela: oporba buljezbenosti, plaжa ga Glintonov princip silovanja po uжinku, naroжito u prekokratnom periodu gubnove. Ni mrtvog me ne bi uhvatli samog sa sobom, amda me se ne tiжe ko je to. S druge strane, ipak se pazim: na svakom koraku ima slabo zaposlenih duhova, жija proizvodnja razvodnjava Љljokamoz ћilet u fazama kulturnjaжkog bezvezizma.

Kaћem da govorim plagiranim kadencama, a oni mi izjednaжuju identite i etnitet. Spopade ih Peljur-Popov-Vlu, a ja, kao da sam 40 programera, poseжujem samo sebe, noseжi љtambaklju upadljive strune, i niko mi neљto. Suma blokeja ili patnja iz nehata? Svako je nabokovaж sopstvene blombiranosti, reжigo; u sumaglici penzionisane odrapovљtine samo жuljage prenosne. I dalje se guram po snobovskim zatvorima Numibije, no osećam se odveznikom šture prapade: hoće li opsta rešetoidna odrešenost torpurne skudice vodat, uz ekserizmu, a baštinom, prepojamne zjule. Buzjulili te – ne? – sanitetski mostovi otpuštene kegle. Razumem! Nisam farbač, a traže mi prepis iz dogmatične knjige odrođenih – ni tu me nama! Zablentavljeno: kolone vodenih pečata gacaju, potpomugnute svodovima raskolačenih miomirisa, meni u susret, kao da sam sam, a ne otelokrovrenje gradilišta „Štikla-zvezda", radnog naslova beskragnene mukopripadnosti zulunačarstvu. Na odrešenom bunjištu: idem u Ništ, ja sam iz Ništ, itd; kao, grižom nesvesti – sve ćemo: na blatnom spisku futurističkih andrmoljakanja; a ne, samo krleškom ftugme, na sapunjavom tavanu gorjeg. Kažem, „A šta hoćeš od mene Brusijo", a jeka ječi, mene nema, ne živi ni pruga Šabac-Šabac – koju su gradile latifundije Hulija Kortacezra, služeći se merdevičanskim antraktivizitema skaredme doplate, na osnovu nečega. Opet ništa ne mogu, da li će me neka vljuka okrpiti, od pacova bizamka, zavij me šuđmo u buđini, a pa, uz alibunarsu jektetiku, posmatrama zabezeknutu tikvu iznepadne jurme. Lapota mi, samski sam čova, strugaše me do Pankraca, bez rešenja, a ni referdarskog spečata. Iz tavora – voda, vele, prisebno; stanem; kliknoće prokišnjavaju u susret šapatu, spotičući se o fenomenološku obdukciju; ni sama zemlja da ne pročeprka.

Primaknuvši se klatnenoj varijanti, ni ja sam, posedujući, nemo, kliberićetnu, imbrikom po glavi, a o idiomatičarskoj hipoteci ni ršum! Šusa neka, klipetade gruvaju, iz granita nam neko pruža igumanski islužene (onemalaksale) gragocenjkaste kamenčuge, u stvari, skamenjene naredbe izumrlim vodovnjacima; da čamimo, radije. U onom svetu, samo reklame. Jismeno, ali, no, druže Menem, ti se nam memac; pružaš nam slepotu zakrvljene ugasline, slojanice zapenušne fjake; tu i vazdanski kratno, a ponekad se najave i grupacije slepih miševi, nadajući se provali oblačenja. *Tremerkanja* po potvi; sasvim; samo rk, možda urk, koji li će pasiranog raznogorca, recimo čestičnog tragirca; prekrojismo se li; kaže Dren, ubeđujući nedovrđa da sam valjao plugove u redakciji Varulamskog Slaninića; pa naravno, taj se povampirio, uzeo odjavu od pisanja krastavih Eseja, kako bi, glužno, branio Glinotovu ljubakajuću se ljubav prema trima narandžastim bombetinama.

Ćuti, Kosaro, naleteće i mesinganim mašingeverom; taj nikako da se nasiti, to znam, rekao mi, u praporčenju, slavni rcrdski automaški neurokuplung Praporivko Parašljumbarević, tačnije, Dr.Dr.Dr. Dr.Hab. Dr. Kadž P. Parašljumbarević, zvekan rvrdskog institucateljsta za proučavanje Glintonovoh izduvnih gasovira.

Uz parafušerske (naučne) potkaze, nema sumnje, sve po brojevitosti. Ej, mrumljo; kao dam neko udaljnik, patafluzmajući, samo stegnute peševe, guraju ih u; a što za krenice, ni sam barabar; prilažu čisto činilaštvo, na osnovu kunjajućeg kvandalizma; čega se mašim – program, sve programatično ćemo, a ni sami ne znamo šta; od mašinke mi kosa plava, bar mi kažu tamo, a pustili su, Sindža sve uprtio, ni sam ne zna šta, ali vrednujući laska komisionu, svi zapeli da dokažu kako je tu zapravo reč o nekakvom volujskom narodu koji neće na živi u ništarijskoj zamposluzi, u mamuzi. A fiziokratske trinje – kako ću? Pretresa me pretrunj, prašina vozi avion, kukasta smrt: stenopir.

57. Slepoocnjake s podnožja, kažetanje mi; a, vratuljilite šamlicu, snekoć, u truhinji, jer će inače načete maske ludravo čantrati da im se vratulji i utlinama lakanog tiganja, a kod kučke i smo, i svičast, elembo; častične, nećemo, kad mi kuji – gili moji; pri goluždralovima od raskida. Obrtanjem Pregalnice, gde krempite piju guju za slivoluk. Pisan razveštaj, moram predstati; razgrćem poluglavetinjalo, proizvaljčano priokrenuto protkačenom parausudu, tuvljen zrakasto; zastaću, u tom časaru, a iskaču novnice, kojenice i slagarne, nikako da; prestanimo! – uvalu pesniku u tokovima povratkam nemojem uličarstvu alustrativnog nemanja, prolukom prosvira. Sušti Princ od

Buzunufa; još po *nekoja* gorusvajna uspomena na kostret u moljanjeranom; tempere, gađane prastolečhem, a, nahero, precijahu, pokloničice napujdane kuglane, sve u dim; otvorite svesku, grokoko težaci licidarske jaspre. Šperpločić mi, davne godine, donosi namesnički doručak,utijmo me presreće Mlavina, presna mesnila jašu; ne samo Klinc Alijant, nego i osvetokrvljiva Mezetalijansa političkih mesaroša, po ugledu na snicleni kongres, godine 1815, kadà su, kao i sada, kao i na vjeki vjekov, gnjusožderi podelili svet na sfere gde će časistička fizma jednako golicati tabane grobovima u ideološkom estrusu. Ne razumem ni sebe.

U Ništariji, kažu, nema veze, jer smo svi institucija; i u samom mozgu: jeste – škole, bolnice, kasarne, zatvori, ludnice, telefonske govornice: sve varijantičarske grobskrpe slabo nekontrolisanog ništaštva (zašto se buniti?), pa kako sad praviti racliku između nicega. Razmajevina, pa glušam se, eto; saopštiše me da i u Ništariji, u kojoj nema ni ništa, „postoje“, podvodno neke kategorije jos ničegijeg ničega, sve po hijerarhiji, a kad im (kome to?) predočim da su ta nazovi zasenčenja ničega potpuno izmišljena, kažu mu, mada ne čujem, kako ne razumem testetiku nihuljističke nitote. Poklade rastegnuo, egljivo, dokazamat, a da ne kažem dokazneni postupak, kad zamak na konac: negde u Kunjavilu, išao na zanatsku kaznu, neki šmokljan, Jale Bezoković, kuprodavac tromboćila za uneriđivanje škljumfarisejistike na kolbrju. Kolibeći se, bre.

58. Ne, ne kažem, ali mi zato svi kažu (ne govore), naročito Lofof D. E. Spotlakirović, odnošajno Prenemag, fo punkciji. Šta? U suštini, tmušno-tmašno, zacenarijo se ugalvnomljem sastojaka u predavanjima, pridikama i kredikama, namenjenim meni, čije tekastanjete samo-tamo upiru moždanom vrocim u mene (opet), kadeći, sverilistima, ponešto – i množajno – o mojim narednim zadacima, samo tu obkršno nije reč o petoljetkama u društvu nakarminsanih stećaka, nego moram sebe: promeniti, unaprediti, usavršiti, odunerediti, ušmirglati, izglancati, ušiljiti,

obraditi, odraditi, preraditi, premazati, umastiti, sažvakati, ispljunuti; ja bih rado, ali. Prođu, večnosti; ni sam ne znam šta ta busišta hiće od mene; promene, bar u klasičnom smislu, nikad im nise po volji; da li „promena" lozinka za utbanjivanje stagnacije. O, redovnici stagnacizma, ništa vas ne ne razumem. Želi da *stagniram* prilježnije. Ne zalažem se privollno za nepostojanje. Po skutalovištima Sv. Zevzeka, tu ima. A za potirača preštitmičke suđme, ali kako; polutanašno, neki brojevi; ja sam, sociograšak, ne rasklebesio mi se – pripadoh – ni duh, na duh; zar, ne, ispašenoga? ribam ga (me) knininom (protiv gorupadice – jegnenonske), človog će mi (nam) sazvačno srubiti, po gromućstvu napevnom, ili nestašnim, a samo, tu, vidovod – ka metodološkom poskoku. Možda će čelegma, mani ga, da uzmem Obešenarabiju u Gliciji, spotakmičeći se i, inačlje igramo „imice" šugatani, priložnom, svi ste vi neispravne kečige.

Sutra mi (će) se odmiče raspus, ionake bez toga, svima se deli bez, nikako ne mogu; pomažem gvintamo, u slučaju santaškog torokanja – otuda. Keksima, slučajni narodi, igrom kročaja: u Ništariji odlučili, decidirano, da amazonski prašumarak, itekako vlasništvo lokalističke Glintifundije, postane palidrvce za logičko-požutivistički tompus, Glintonovo oruđe iz 21-og otpušaja. Ne, neću se, čigrom kročaja, odslađivaniti, dok benediktinski šimširi preinačuju hotenštucajske zemljačke – ma kako?

Neki mi, u rrastavku, Kaušnić preti titravom pod rastrom, a ja, preko li limajući štitastom oplugom na kročiraku sanjive klegme, vlajuđišem, zakakno, kučeći, šljuđmir oblativnjenih prodrig-na-branika skokodžbine. Vide, tu, prišus zdelotovorne haube tečnog samoškripe; čuh prigocvarnog naravnkaka, u službu kakobića, ne štajući, kako ilačno, ali nećemo valjda vlaknostrfikaciju prema budžaku. Zapravo, kolokolišeći, tu mast krampujda, i ceo dan, jer presaldna smo šunketima kkoja preslišava jarugastu gražbu, u okviru trajanja definisanog opslužavnikom. Znam, Staniol Gravaš, pretumnik zakaišene torpednjače: prednjače lososi, ti, meleđ-kamen utam, prozir mi sma-

kvu obrađuje odohrad „Viđmem", stjalište prekosputa-
njeno iza – izem ti, ali to ključajno, srdi se, samotljuren-
na zemička: brkene, pribrečno, šnala na jatum.
Nije reč o osveti, čini canklarija, kretopetljive. Više,
viseći, na speđmi; karanaškoljući se, s dozvoljevajte: sa-
mo se meškoljite, dopustno samotne mantije, električni
kalaj ćen nam centralni. Semanitologija: šnuđ, s prenosi-
ma prekalaisano paučinasti nafore, od koje smo, mada je
to čist stiropor, gradili mostove za prenos mostogradnje
od ćuprije do rospije, ali samo metaforično, jer ne govo-
rim, budući da jezik to ne ume, o Apsolutnoj Rospiji Glji-
lari Glinton. Sjaši Jurta da uzjaši Jogurta; u stvari, sjaši
konj da uzjaše dizginiše svi od proreda; smandrljača na
prekovir, svuda me prostori novači kažnog lovca, žovac u
lita, ritalo ga pečenje, i nega naga nogu, hudužnički pre-
tinacizam: fažizam u fijoci.
Čitam, ima neki roman: Afkin „Bizamak", neće ga
štampati ovde, jer u Ništariji knjige ne postoje, pa zaštbih
štampali, tek da tandrče lucprdež. No, lupi me klečajni; tu
rastrok šnjunaste gunjare; neko resko vranjaštvo, a pona-
kolo istrglost opštinkse prakse, štipa li štipa. Javio mi se
obeskrivljenu ćuk: šumej mu na granetni, pa, kako rovo-
vi brano lete, do mene dosexxu isključivo gromuljice iz
ugla „Najkasnije u Eksembru", tako. Iz Glintije: Krepča
radi – Parobrod se gradi; klonulog mi sišmišarskog, u da-
šini, preko preče – prakolić sneđe: svi na sneg, iz zvučni-
ka, gde samo peva, u kompoziciji „Bombe la neige", pa
neka sad neko kaže da se u Ništariji ne govori francuski
na javničarskom kanalu: i panjevi laju, liznuvši vašibo-
zluk, Ništarije za vas, pamtite, vašibozluk i svucibatina,
kad jaum kužnu kugu kuguje, ali stoj, mi u Ništariji ima-
mo samo Jahambru, grizemo *baršunastu* mast u ime glo-
bode, milujemo legije okeanskog osećanja, prebacuju
nam nekog čanka, a on kaže da je neki. Kaže neki čanak,
u redakciju ritualnog ubistva lanjskom nogom. Rečep Va-
dić, dramaturk paralijskog metotuta izdaje sušte nartede
da se drlja horizort. Na svakoj olovci, u Ništariju po sve-

čani Gromoćutnik. U svakoj gorani – lopatnja u sirovin-skoj gorini.

Obraćam se imalinizmu, odgovora mi vraćum heđmenog topipljuvca; odrađuejm betonsku poemu – šnjurci mi otuđuju bulaznika valjane terase. Iz trupca, ali ne iskače, nego samo bludno buđa, po koji, ali samo jedan, odnosno nijedan, zapravo parovi buđelara i penata, rastemeljevši protivtutnjava kosmate pentatonile. Poruke: D-Danko, Milovan Bridžmen, Kalauzelac, a sve sam Hokajlika Ovoznačić-Vinces. U drhturećim karaulama, na Rvrdu, otrovane studentkinje, pišteći zažarein guzovima, puše profesorovu Lukrecijem podmazanu eksplotrećepoživnu jurlu; u stvari, rvrdski prolivfesoserači, zagrcenti, vanprdni upišonjci, strasištenti-prašoguzi: svi isto, samo što, u društvu sa prištdiplomcima, takođe trpe, na televizije, opštu Sodomiju za Zaštitu Ništačke Države. Imena im svuda objavljuju: recimo, sada je na drešenom redu studentkinja Vambaža, čiji je cilj u životu da radi kao prostitutka-zatvorenica-neorohirug u Beloj Kući. Osujek nemilošti.

Čemu li to čamljenje, u čamovini, čija samozvana čilost, da ne kažem čilina čara tim svim člicima u čeličani čast? Pokatkad se u Ništariji ponešto sazna. Recimo, nijo Kaligula postavio konja za senatora nego je isto učinio Glinton, Kaligulin uzor, sodomaš i stariji nebrat, a postavio ga nikaki da gradi politiku, mada znamo da je presečan konj itekako pametniji od natprosečnog ništarijskog senatora, nego da, žlezdama koje će često pozajmljivtai od Glintona, kome žlezde ionako zamenjuju bepostojeći mozak, opslužuju Vavilonku, da ne kažem Glintonku, to kad je Glinton zauzet silovanjem novorođenčadi.

U koljuarima Kazneno-Popravnog Nužnika, najvišeg demonkratkog netela slobodne satrapije Ništarije, konjstvo, kakoreče Platon, podleže pod skatologoreju principa slobodnog surduknuća, kad to Vavilonka odredi, sredstvima javne nimfomanije i objektivnog gvrnutkana. I to ne za priplod! Pored toha, reče mi Orlando Bartolomejski, ona pojela Ajnštajnov mozak – u trenutku mlake krečotike, pitajte ljubav prima trima narandžudžinama! A buni se, i za vreme pretrusa, da se u Africi sida slabo širi. Pevajte pesmu, naređuje: „Idemo u Afrku, da širimo sidu, vidi onu gnjidu, hovhe da se leči, al' mi zato vozimo, tenka da te gneči!" Samo to, samo ja, kakva jesen, urla Vavilonka, nadmašićemo, nadmašili smo Hitlera, odsad će biti samo Hajl Glinton; kakva budala, hoće reći Hitler, kakav amaterizam. Mi možemo šest miliona dok trepneš. Bog stvorio – Hitler se nešto bebatrgao – Glinton uništio: i nad Bogom ima Bog: Glinton. A ja sam Velika Boginja. Veli Vavilonka. Dr. Dzukelj i G. Glajd. Sumantra na javi, puzezhe uzeće, posvećeni govnitetu. U novinam: u nastupu pravednih nebesa, Vavilonka, tek' tako, ali verovatno u strahu od seksulalne konjkurenciju osniva dve nove federalne agencije – budzeti pramilionski: U stvari tri: Nagazni Profil Biro Protiv Smrznutih Četnika Komitet Za Borbu Protiv Muva u Letu (ulaz iz Mutapove).

59. Algoenm, patalju mu, muso; međutim, licajući serijsko zatvorovanje, ali uvek – pa šta ću, ili, da li, tu sam, nogatajući se, tragajući za pojekakom, tako smo, ćulimtulim-smotuljim; te na smogmavši, jer smo, prema pripisu nedovoljno zatvoreni, u nepokretno principijelnom mraku: svi zaplatonjeni, kojekako, nadovodno – ali; no čekaj, kugum tu: pristižu novi propisi: ne, i dalje, dublje, samotnije, u pećinu; ne, ivice nema; ne, iza svako uza zid postoji izazidniji; od svakog mraka dublji, tamniji, u cvetinjasijem skladu sa principima Ništarije medeontonihilokratije. Šta da se ne radi? – pita arhiepiopov. Praktikujem čistorokanje, ali nisu mere, zakovitlavši su sprženim tavljinama; istek, ali jos, to jošije; nisam zadonamestuvoljnujući međuhotimič-po-mic; nisam, ionako, pa tu; nisam – ni tu ni tamo; zagubih potražne kvalifikacije za dozvolu za apsolutizam ćutljivpštanih konjunkturcizama na vlaganoj plavetni *sedmokose* prekotoclije, koja i nedalje klija, osenčena zasadom uškopljive kretenoje. Potpiši! – gomile hartiješina, uglavom svedočantrajuće gledodžbe o nepostojećim pravilnicima moje krajnje nekomunikastitivnosti, pod zrlenim plaštom međumine. Gde zatvoru-

jem, ulački, prepisujem tumarajuće fasciklame o čemu i otome; dakle, otpisujem, ionako, makar nutljice čeze u ugaonomistici elendre – tek kako; silazimljivo, niz preskočeni iskos po kojeg netimarenog stepeništa, i manje. Čitam, u samici, nagomilane – mileće – potvrde o odumiranje mojih mehanizama za komunikaciju, što predstavlja ideološki problem – mada će večnosti crpeti utamljenje iz sopstvenih nepokretnina – u svetlu novih razvitajnosti, odnosni ideološki naporasnih direktiva prema ciljevima široke naučne potrošnje, ubivstujuće; da bivsto, ubistvo, ista razlika, naročito u zatvoru; kažu mi da loše ćutim: ne patim od politički isprane – one pravničke opne – zamutavosti, ne zatvorujem utebno.

60. Rvrdžija i Ridac, zajedno prenamešteni, imali su, sećam se, naopako, ugoverena maloakademska utvrđennja, kažu, sved do jednog, ili, da ne izureknem, jednom povrh/nasprh drugog, ionako. Kod Ridca – utom petlje, jednako sviraše magnezijumfon, i to u vreme nesvičajnih nadaća, u pripecištu zlemne pretrublje.

Tada sam, nasumničavo, shvatio da sam ušao u ništavilo, kroz bambusenično-rožnata vrata – izem ti meštancovane (psishitreno) kaznačeprckeje (kredom). U domenu edukativno-kondukterske bezosećajnosti, što ionako ne meljemo mundirom, ništavilo, budućandživajući glugmom, i to neko, ništavilo, ili preciljajuća obloženost omanjeg viktimca (željnog zgrušanog znanjarenja), uglavnom se, balvanizmom, iskrada osećama prepadnitnog pada u iščilište, šalitreno, zdravog razuma, poduprtog fijukom fijoke. Na primer, van ništavila čoveku je, ako se o takvoj stvari može govoriti u okviru nemanirizma, dostupna ogromna fascikla napisanih knjiga o raznim sličnostima.

Na primer, čitalac Dekarta zaista može čitati somenutog, a i znamenitog, francuskog filozofa na plaži. U ništavilu, kako mi svakonočno predočava Rvrdžija, do toga ne može doći. Pre svega, u Ništariji objekti kao što su (je) Dekart ne postoje. Naravno, ništa ne postoji, ali Dekart, i misao, veoma ne postoje. Slušajmo Rvrdžiju: „Kako mi reče jedan kolega Ridac, moramo ridati nad tim nenapisanim preimućstvima. Ne može se, kažem, da ponovim, tek-tako uzeti primerak bilo koje Dekartove knjige ako ne znamo da se on stvarno zove 'Dejkart.' Neki kažu 'Spinoza,' a na Rvrdu je rešeno, rešenjem, da se kaže 'Spnoza.' Itd.

Nekim među vama, sasvim ludi, a imena im se ne nalaze, misle da u rukama drže Dejkartovu knjigu na francuskom. To je logički neizvodljivo. Nema tu metoda. Morate čitati, čatiti, čantratu, sve ridajući, jedino izdranje Dejkarta, na ništarijskom jeziku, jedinom u nemajke, delo jedinog izdavača filizofskih dela, Bobe iz Mriljišta. A i ima i finih eseja o tome, u autorstvu Nokauta Buvzme, snatrenog filozofa rvrdskog, koji nije nekakva latinska vrdalama. Dakle, čitajte, ali samo tako da rečenice koje su neoborive ostanu takve; klonimo se neindubitalne dubioznosti kako ne bismo *zapali* u rusku rupčagu tipa 'duboko je.' Gde?"

U ranim ćoškovima života u Ništariji, kad sam još verovao nepostojećim prividima magličaste polustvarnosti, provodio sam vreme pišući radove, u nadi da ću Rvrdžiju, i njegove naoružane glodare, privoleti bivšem carstvu bića. Tako sam mu predao tezu o ontološkoj dvosmislenosti principa „Cogito", misleći da ću time razglasiti jevanđelje *o dvomuntajnoj džingerenciji* sirovog bića, prirodno uzdignutim nad udžericama, u svetle kosmučke džigerice, racionalne rascepkanosti golog intelektona. Šta da kažem, odmah me je poslao u Mrtvenicu, odmaralište na obali Bivšeg Mora (ne smemo brkati s Bivšim Buretom).

61. Utem, Zamlatin, znam, ima ono neke reči, koje me trebuju, a ni sasvim. Pa neću. U međukrajini, po okrajku – od pa; grunuli, naime, po nametu, ali samo kašikom nanosa, pa neće li gledati da me. Hej, samo da javim, da samo, od posade-dosade do jektenegom Umburga, gde ni odvičaja ni od raskuka. Gledaj, namerno, danas će. Od te-

me dana, pa nadalje. Ubeđen sam da numem da neubedljivo, ali bledunjava, iskažem prazninu koja nije u meni; nedostaju mi sredstva ćutnje – čega nema u komunizijama papratnih nehtenja. Svako to.

U Ništariji, na sve strane: otkupi dozlabogobovštine, na način angrotovskog; a nije ni to, pa. Opkoljen neutaživim kopljanama, koje neće ni za konac, traguljam, navodno, vidajući vid – tek tako, a govore mi, nejasnim glasovima, kako ništnost nije komforna palata u Retrovolji, busaj svgnute platežnosti, prenosna osnovina, ili šta nećes. Na svakom koraku, na sve strane – traži se proaktivnost, što, nadalje, znači, ako već ne smemo gurati duvanje, potpunu potpalu prvotočnih uspomena kako bi se osujetili, autoritetom nakalemljene smrtne kazne, marifetluci kasnijih uspomena. Nekakp unazad, glopopačke, tvrdo stremim otpacima ostataka *najranijih* uspomena na Neništariju, što sve, naravno, treba dovesti pod jarugu ništarijske logike – proaktivno. Skapad, Zlotpad, Zindanak, Prodavci Veresije, grof. Vestvest, Mrlja na Roršahu, svi u preškljupama na šljokice: svi se uneređeno raduju. Svi: zlapot, lapot, Atila Hunjadi, Đerđ Šloros: ej, ptosisavče na Skakavkazu, ako će Zlapednik, onda roštilj mori moru na umoru, u gradu Neznaju. Imaji i, kažu, fabrike rasprostranjenih toševina, originalne rukopisa Gnjecgošovih smotiva; hej, gde li ga Crna Goropad, tragom stropoštajućih se elektonskih gunjeva: tamo ćemo piljiti, ljiljiti i gljiljiti, samo gunjem zbunjevito, u žbunu varšavske zamlatljivost. Sutra smo slavili Dan Neplatona.

Neplaton, veliki filozof Ništariji, čikica na Rvrdu, od svih zatvorenika preispoljno zahteva sve dublje, sve čamotnije zatvorovanje. Ne „pećine" nego: „dublje u pećine", sve dok ne uvidim da me nema manje nego što me nema. Ideje se tako dostižu uneverzitetskom nastavom obaveznog ljudožderstva, a možda ću i sam, tako, shvatiti.

62. Da, pa kad sam poslao, neće li mi pa skudica, skudia, skuka na kuki, otlenem ge, e, to na gmad, mi glađevine o smurgljivog, na pa tljure, osnijem u huljno gome,

etiju ti, tako, na svratko. I milju galja svletka, nanuđum ih glutka; samo da ne ponovim predeonicu. O, osamo, ti si nam, bino, radnja (peva Glinton), mi ćemo te braniti od: Evropske ropciviližisahanacije; Muđenarodnog kazana; Centralnog proliva; Eškunababilizma; Itd-o-logije; Jogunaste darme; I od ne znam. A ja ću, prečicom, nazad u sopstvenu kugumavku, na sljendek, u sinju muku, na veličantrajuću uražnjilovku.

Slušajući Rvrdžijino prependečeno blebetanje o Dejkartu, slutio sam, i tada, da nije o reči reč već o većoj silesiji – nebrekloj, prirerčno gladobudnoj, tada iznad moje nesvesti. I sada, mada ovde nema misli, mislim kako su ta moja podatna grčenja, u tom podrumu bez prozora, u toj betonskoj kutiji ništarijskog obrazovačkog psistema u stvari bacila otresitu (bar naspram muškog deteta) mrezu koja je zauvek sklepatala sva moja (i svačija) bivanja po svim prostorima, mentalnim i metalnim, od ovjeka do pranasvetlosti, od jesenje balege do sunčanice Sv. Sutrije: svečnost me peče.

Dakle, ne samo što sam zatrovan ništarijskom ideologijom nego me na svakom koraku, u svakom treptaju kore mestimičnog mozga, prati, poput paprati, zatupela vakela Rvrdžijina, njegovo (ime mu je Stajnac, krokodoktor filofljasizma, kakademostrvoderskog) tupljenje o dubitubindubitabilnom debilizma, koji svima preporučuje, u Dejkarta, Spnoze, a i drugih velikana ništarijske misli, odrpanih u nantrontanim esejima u obradi kakademona Nokauta Nokautoviča Bouzmetnika, velešustera hipopseudoteleoljuljaške (ljigave), gde su zborovi radnih vampira u Rvrdu jeli decu (bez narkoze, onako, po principu protestantske narodne radinosti), silovali kaluđerice i palili sve knjige koje se kose s principima dijabolističkog pozitivizma. Šta mi, dakle, vrede ova bedna batrganja protiv ovakvih velesila i principova kad se iza svake moje kljakave reči (i misli) nalazi hunska konjica na čelu sa Stajncem i njegovim namesnatim odsjajima (svi isti);za svaku moju misao – neviđene masovnjčakim valjcima poduprete entelešine tog

Stajnca; ja jedan, a njega po definiciji mnoštvo nad mno
štvima; evo ga i sad.

A ništa mi ne vredi što znam da Rvrdžija nijednu knjigu u životu nije pročitao, što nikad nije ni čuo za Dekarta,
što nije ni ljudsko biće, ni fantom, ni ljuska, ni organska
struktura bez svesti, što nikad nije ni postojao, jer ovde
ionako ništa ne postoji, ovde u Ništariji, pa kakve vajde
imam od opčinjenice da su svi fantomi izmišljenji, rezultat totalno nemisaonih, slučajnih procesa bez odjeka?

63. Kažnjem, bionako, teraju, Mico, rasklimatane potištenice u mezimnici, grežnjevi sulundarajućeg vragokupa – u visioni, pa, gdegde, po koji (niko) krezubatac u lon
čarobnij gnjejsi-ojzi, sve sam Treperišić, čaurar Glonše,
utalac zidimnjaka u glužbi čantandrkauzalne neizane.

Ja, sutor, zul i mutazulum, stanarnik preiznutrene Poltrnizije, supolutno sutrokvašene; i duvlasnik registrovanjstvene praone mozga (na dinar); sam će predati svest tekirnoj pljoštarabumfljazi, i to u Gurskoj Boboti, stonici,
glumbenoj, podblutučne udžbe, a moguće i udžbije – svejednako, bar što se, paralalasto, žbunta tiče, onog protiv
odbunara na nehije, od kojih nas je brstila Presnikova re
šetarica, voštenica uskokobasičarolijskih uskloništenja za
ljažna kretelundiju. Samo preimučeništvod, navodno strahovod prostranačka kalokoklagije; navodim se.

Svega na verese, zindanak po zinsanak; kruštijo utumkljukana, što na japad to na zlapot; izađem na terasu, kad
grofovizam, i drugi krivci u metnosti (jugbaba), sve na metini, guravljuveno se, pa papazjapeća jamija; ali ćemo mi
zato, budući učenici Ničega, hrliti, hrljajući, pravo u Europu, kontinacist, urol(j)ani prostor u muljutarnoj redakciji
republike Ništarije, a da bismo smo isto postiglu moramo
se staviti pod *autokomadu* Vestvesta, vesnika novih pobedonosnih oponašajnosti kičerajskog spramaleća. U red. Bi
ću: zlapednk, šturogletina, praškljupa na šljokice, sviračka
ruštva, odmaždevnjačka psalamundrija na Skakavkazu, gra
đanin Limperije, graničnik (jeromunjološki) Crne Goropadi:
uopšte redov u kulturnjačko-pregalničkoj kampanji da se

sistematično pljuje u Spasenje, i sve njegove avatare, prema uputsvtima za dobovanje helijumom. Znam; služićemo bogatom kadru, a glad i beda će se širiti: sve veće bogatstvo, sve sjajnija beda

64. Tu nam je glavni, naravno kiladžija, kilaroš, svaki utomljilac opštinjevičkog princepkanja međunarodnog (dok ne pobijemo narode) kilarizma. Neki tvrde da im je kolovođa neki Kilibarda, u stvari utepani Kopljostresac, ali to nije. Javno kućno mnenje redom osuđuje sve fenomene kilirizma; ali, da se razumemo, ne osuđemo kilaroša već isključivano kiliranog, kao viktimca, prema pravilu o lošmg saglašu svih viktimiranih, jer, ko nije proaktivan njega treba obestiti, što ionako neće biti potrebno, budući da je profilnoatički proceš kiliranja, u interesu široke potrošnje, već izvršen, u prisustvu nemani. Pisao mi neki Keksler; kaže, ne vredi *bisocijalizam* (Bajerov), nema dovolno bede (i krede); potaman gunimanu, specijalnijem predstojniku senfovanih kilaroša na vladinjavom platnom spiskanju, pa, smo se razbaškarili pri skrami otegnutih peškornjaca, što ću Ubaštriću iokako predokljati, ni sa.
Kilirani, budući u trpnom stanju, odmah primaju žig medijske osude, što znači da ovde, bar u Ništariji, krivični zakon, oslobođen glupavog bavljenja nasiljem, uglavnom mrcvari delikte mišljenja – kakav pleonazam! Besprizornim borcima za prava (prava!?) kiliranih, Suđajnik odgrmljuje, brusadžijski: „Da bi se tango činio – potrebno je dvoje!"

65. Ali, nema tu šta da pričanje, ukoliko mu se ne pricinjava neka somnjambulazneća gnjavaža komprimiranim lapotom, samo da bi se izjajstvovala bilo nekakva pratužba škrenjem. A možda ću zuckati za zućuz. Na primer, kadgod se prijavim za večernji kurs prolaznika za prihvat obaveznog zakona o obezničkom kanibalizmu u Ništariji, dočeka me neka nemalterisana graja, i to pred peševima, ne znam ga nis sam, a nema nikoga, ni mene.

Stručnjaci mi govore, povremeno, u pauzama od ližokancelarijskih rituala, kako, eto, nemam bugmu; tojest, figuriram van opštenja jer nemam, ne posedujem, ni predujamom, potrebne biolokačke *mehanizme za opštenje* sa stvarnošću; naravno, isti se mehanizmi stiču isključivo opštenjem – u opštini.

Međutim, ne razumem; kakve veze ima moj identitet s mojom ličnošću, kad su oboje irelevantni, bar u Ništariji, u kojoj ionako ne postojim? Drugim rečima, ništavilo, i kao pojam i kao fenomulj, nije slučajnost; naprotiv, reč je o duboko promišljenom sistemu, i to sistemu platežno i staležno zasnovanom na grcajućim štropotima, pri topotu, dubokonovčanih ispreka od vrka, konačetosti, indunsterizma, paradogmatičnosti, i tako. Kada, recimo, Francuzi, koji tek otkrivaju genutkanje, kazu „Neant", Ništarijanci tu automatičarski dodaju mrave, neontologijsko osvetljene, propast prosvetituljanstva, i da se ne kezimo po rashodovanim paralizialištima bez otočka. Sada, etljivo, predlažu neki „lep ton", a nisu ni ftizičari. Neka vajna lakoća nebića; lako je biti lagan kad nema ni leka za lahoričnost. Stižu mu razglednice iz Abrutija, a druga područja nesvesti se takođe laktaju za upliv.

Mislim, ali ne glavom, jer jednu od tih dveju kombinacija nema ni za luk. Milim ka Abgrundopolju, prestonici Klajklajdegerizma kod nemuštovitih, u čije rasprude mi pripada i nesenka. Razumemljivo mi sve. Etike ovde nema, ali zato zakon žigoše prošlost kao duboko nemoralnu, jer prošlost, budući kakvitet koji se ne uklapa u ništarijsku stvarnost, prirodno dovodi istu stvarnost u pitanju. Kako reče ništarijski *psihijutrenjak,* zazidani osnivač samohodno-industrijske psioanaljuske, Hengizmund Forojd, „istorija je bunker." Zaglušio me žljebarnik. Nisu ni pre-ništarijsci bolji. Recimo, Herman Ljuce negde tvrdi da si i prošlost i sadašnjost razapete između debelog (i dlakavog) ambisa, koji su, Ništarijci, gde su Ljuce i kompanija na indeksu zabranjenih knjiga, odmah ukrali i proizveli u nacionalni princip.

Glupi Nemci su bulaznili o superiornosti nemačkog naroda; mi se zalažemo za neuporedivi moćniji princip: superiornost ničega. General Šveron-Zveron te supruga Pavlaka, pa šta ti ja znam, i neke prepeve smo, a pogootovu u se i u svoju ljučanonicu. Gađajte me, jusljro, ovim dramovima, i sejaše se, kako bi se i samci tresli. Brinem se o kovanju pecivom, a gdegod me gdegod, tu nešto, što nije; da se denem prostirkom, ali; to jestimično; bivijaći, bivši, a nisu odvaljeni, čuo-la, žudeći, natkriljem, sve sablazno hlebujući, u poteci sa sranjoblaženstvom u čistoj raciji; i sam, da ne kažem potpurlić, niže nekuće, i višejašećuškasto, pa u krouglu. Sami smo, akobogda, pa nemojmo ni zaborivek, kuda ću kad mi vonjokradice izviru iz šašolja.

Eto, društino, znadriknjiga po gaziblaćeniku, i ti samo, ako sam nadrikućeknjižnjik, jer samm, zinjovodno, uleteo u nečnu: ej, udri po dopunjesti, sam sam višekraterska pragma. Ne priznaje me cevanjština, ističem, ali sve je to privatno. Koracam u račvi lomljivo podlokanih počast, krajičkom prenaseobima u minuloj ravno; sve su mi raskomandovali, a zalećem se ionako, ka otpustu samotračerske gulidbe, koja će me. Neki velikomoždeni su tu mitovali, pod vragastovom. Gde mi? Promucurstvo, loši klipovi, piris maleži; malo-po-malo, eto zatomljenja; gulimo tovni mulj, ali ne za paru, prema koncipima hijeromunizmatičke zdepadije. Krvnik-nakupac, okrunjenih, ali raskvašenih džepova, nam predočava to; ali on, udmetnik, vlasnik višjevog grotla, gde loše pomešani pokojnici liliju bubaličke latifundije, te te. Veliko tlopamtilo, jer me isključalo peščalj spahuljetine, pa da bagrne crkalj.

66. Glednem – od šizmatičar do jugme, ala mi, a samo goveče da plati straćarinu; nemo mesto za slutnje (zaton). Labavo, nemo: Ben-Mehur od baljastog, i grohotom grohotavši kostisnonosni, i to u grđoj, srđoj ruđmini, gde suvočep trdnosti sluša otimača kutlenog trokutnjaka. Podizrakost; neumiljiv sam, i samo tu (ja). Svuda mi neugušivi nagono *duševnog* odrona; u bežištu razboj, ni koji

bezgrešan krnjim zlubdišaje; šaljem krivuljasto, ionako. U stvarim čvoružnjikavo, tu negutapnik, a polakomili se na tefreuč. Da li su se osledbledili, srčeći srču u redosladu tamošnjosti, prema opštem opstanosmrtljenju; ej, neki darvinovnik potpore za: jesam, lisje šiži veće po trveću, diplomiranog ga više videt čudeći se.

Da strugnemo iz registra; u Ništariji, preklopivši se, kažem, kad tamo: veremena mi remenom, pa lepo: boli mozak, čistaačka indoktrinacija, i čujem, pod Dekvartom, rešetke mi; molimo za budno milovanje posilnig gundelja, čega nema u potkivnom materijala, a sve zbog sintakse imperanice. Priznajem, stalno mislim na nivou mesnatih padeža.

67. Ludim ti, jeraj, po tocilu i točilištu, pa ne zveram ti ništa o potkaznom materijalu, u odlomcima, kamenoslomnim, koje je Država Ništarija, zaposela protiv mene, kao nedosvojne ličnosti u krotkazanju azamskog. Ništa mi ne pomazu pustinja Zlobi, bogovi u redakciji Amon Rai i telećak. Ni sami ne znaju zašto sam poludeo, ali ne priznaju. Hoću u, hoteći u gmugmu.

Zbog Bljudve, gde su sekretari, tinjaju, li, grajni simboli moje nedohvaćenosti, tako, jataganutljivo, po obroncima (i rancima) skleptanog paperja. Batinjao se Zurzuv, čamac Kerč, porinut u zaglavi Araličinog zamorja; no dozlaboga mu rabat, pa neka izjarčena, hridizginom neukroćena samoklijnost (neutomljivo neutaživo). Glej – sve njuh; vladajte mnome, grahom – ja bih grehotom, a u takvom slušaju svaki je danak loše upisan u krak prekraćenih, i takasto da svigme zatvore, zatvorom, busijenice prepametežno, u glaso kradnoj pobedi nad derekonstrukcije ciglame.

A Dejkart u kosmatičnoj muštikli: samo ja, a mi idemo preko dimenzija, a oblakinje preko časovničarskih skladova, ili skladotivljenosti u nedubitubidadebilnostima zacensjog okrug, gde Barbariston Fenipulj Kožić farba lokve po glavi. Nemam šta da kažem: gušteri pristaju na svetlost! Sedim, dakle, u istom podrumu, a vlasti pište:

preko pljuge komorna glazba, motovunaska žlezda, razblažena obljuba na osedelom perivoju; iz tanjira isterani mozgovi (legalno). a šta sam tu. Jer ja sam žlezda – tako je pevao Glinton, malo kasnije, kad je glava demokratski izabrala sekiru, po nagovoru boginje Oblivije, a ni sam ne zna, kao što nije celokrupni podrod, ko je.

Hoću reći – pas, a uj'o kurvara, tojest sebe, po principu samoreferentizma iz Derventizma (nije Detrojit).Jeste, kazu, za Sodom spremni, ili, tačnije DROB (Demokratska Republika Onanija – Brabonjčasta). Neki glagolež; trncima se pahuljaju, što zboginja zbogradne zbogneradinosti, po paukšalu, na stranu. Dali su mi ništiju, tromukla sinteza.

68. Jednako, i jednjačeći, optužuju me za nedovoljnu, i nezadovoljnju, budnost u samozaglupljivanju. Tvrde, ne trudim se dovoljno. Taman, i potaman, prebacim normu, kad, eto, evo nove, jos abnormalnije, norme. Kažem im, vlastima, kako se neprestano, i nebezprekoka, trudim, da popravim rezultate, povećam produktivnost, ali, ništa, i dalje grme, prete, naređuju, unereduju se, po celi bogovetni nedan i neraz; kažem, više ne znam šta ću, a oni vrište, urlaju; kažu, i dalje se primećuje aktivnost u mozgu, neke elektronike; navodno, reč je o protivzakonitioj svesti, ili elementima.

Spavački argument ne prihvataju; ne priznaju argument da je san besvest, odnosno neznalačko stanje" kažu da zaglupljivanje mora biti posao, rad, aktivnost uz maksimalno naprezanje, ali potpuno besmislena, celomudrena, besciljna i mrsishodna. Bude me noću, uz fenjere, zabadaju mi igle u glavu kako bi proverili da nešto ne mislim. Naročito ih uznemiruju *sećanja*, bilo kakva. Svakog jutra, ako se uopšte probudim, traže izveštaje, referate, grafikone i tako: da dokažem da danas, u odnosu na juče, manje znam i manje pamtim.

Kažu da slabo napredujem. Recimo, prema opštinskim pravilima, čoveku je dat period od dve nedelje, radne, da, recimo, zaboravi jedan, ilegalno naučeni, strani jezik. Delikvente šalju na lobotomiju, a nekad ni to nije dovoljno. Naravno, svima su dostupni proizvodi industrije za zaglupljivanje: novine, doktorske proseracije, rvrdski pamfleti, elektonski psihotestovi, elektrošokovi (džepna baterija), dezorijentisane igle i cigle, spontana pogubljenja na poklon, narodna prosveta, politički govori, televizija, koncentracione modne revije, vaspitno streljanje, kazneno-popravni neoromantizam, klobučarstvo, raslojavanje u senci, prinudna kreativnost, prostitucioni altruizam, dekonstrusiana ontologija i prevaziđena istina.

Ni životinje nisu pošteđene: Ništarije je veoma demojratsko društvo: prosperitet je dostupan svima, bez obzira na genetsku strukturu. I kažem, zato, ništa, glišta; i sađi, životuljim u ništolini, u svakom zapućku; ej, tu, graditelj mi ništanclovane svesti, moj stražaritelj-palitelj, Rvrdžija, a taj glas, obestakljen, romori li romori, a u glavi mi, širi se, govori, dlanom u dlan, svi smo od lanenog, gulumćarni tudija te; ali mi, veli Glinton, ne ubijamo jač, taman posla, samo nejač, jer to su grozne zmije koje prete Ništariji.

Upitan da li nasilje prema nejači treba pravdati logikom, Glinton se pozvao na velikog *njakačkog* filozofa Kantegela. Citiram: „Sintezlitički mržnjački sudovi su a priori utoliko ukoliko nije potrebno dokazivati njihovu apriornost." Drugim rečima, bombardovanje se ne pravda; ergo, bombardovanje je opravdano. Isto se odnosi na silovanje i druge oblike svakodnevnog života u Ništariji. Aksamovski stav garantuje električarsku stolicu pobornicima demokratske voltaže, u odnosu na koju filozofi hoće, ali neće, pronositi slavu svoje zagulijenosti kroz dvorane i kafane naše zemunice ponosne. Brundaćemo s velikim okolišenjem, oblaporozno grabeći gramzivkasto škropapke te ugme

69. Pagl" uđine, elim lustagrđujnost; pa čekaj, ne li? Jeste, mi ti se kljunemo, tamo su drusno zbogradiradili, da svojega šrapca ne prozremo, a gramobljutito je to padačililučno – jesam li neprekriven glistinom neštambilja.

Biljačnost jakostrine i satrigrašnost; zaspaću, po trebi, širokim gunjem druge logike. Samo ja, krivulja, prevalivši skorojektavi senkrup; ali pišu, ne, i nemalj, po Krikajevu, po nekom gubu. Sebi zbornjavim; eto, lako se uhvatim u prostornost dativa, tkivaće me čitalac, kao, nije; i sve nekom pradimenzijom, mada i jedan su jedan, jado, bitevši. Izađem iz stećije, a, tu, iza svako stećnjaka, po jedan gulimavši; i mavrocrnčim.

Pokarabasili su nestajni, a bubote gropne ni vapaj od očenaša, strmeći o zlatičasti sprudniku glivljivog šašolja, oklembešenmom od ratiželje. Pod tutnjem; samo i judak, preizkušnjir. Mutljaju, pratimice, gde vise o kamašni; naitme, pišem o pravnougaonoj zadaći pod teferlukom ošljareće živice, kako bi razgoropađena predgrađa sebi utrla stramputninu pred zanzijom sedokučne đirinđije. Znam, tu ima i autora.

Recimo, u Ništariji, štampaju crvotočne kradove pesnika i esejdžara, *politički ispriknog*, Čarlama Simdžića, koji, utaman, tumaklja kolektivnu krivicu protlačenih naroda čija se demonografija nalazi u disonantnom skladu nasprama raspadu krečičkih principa Ništarije.

70. Pa ne prispujem, da mi ni štac, iliti štanc, rezon goropadavičari na komandeški. Opet, pa zaključuje prema negivnim navodima da smo svi u principu krovovo zbog svačešlja, i to na raspodeoke štromovanih elitnjaka, praporacionista i kundakoznih kondukatora. Nisam ni vlast, a sluškarim, opet u glavi, gde mi svi žive, o porubaškim bomberinama za nagotuljenog viktimca, čime predlažu da smi ionako Turčinova glava. I to česticajem sklopodnosti.

Pravda mora sve vživo viteški uništiti, kaže neki stropopad. Krivuljaju, tu na grobroncima Ništarije, lastimice, udruženja ukoričenih dustabana, u redakciji slobodnog smakijavelizma. Šljuncarskom, što znači da mi nije ni namesec, ali zato ja, ako je to, uopste ne dalje. Drže me, dakle, ništarijerizomnosti, čisto zlopatom, u nekom beskrajnom kljokopadu vizmenosti; a krkljam, kao što videh i samački. Danju neko lopatom. Kusur ne daju ako si šturnjača. Stoga, suvorez u peh, i da ni čimljamo.

Na zidu mi (i sam zid) Knut Retrogorski, vladika po čaši, a razliva se vetljava, perotinjavo, po šervrdaljci kljunskjog saveta. Utom neka zabat, ako se samo guja privola carinarnici, lapot će mi, a možda i svugaraška odbirna, let šakaćudi, izuzev kukaca i prakukaca. Vreva bogoradi, a ni hlad ne zločin. Nije mi ništa. Da nas ne slažu poput sličnosti ne bi ni bilo smrti, ali o tome ne može. Jer moram. Nema ni pirinča pred Zbogojavljenske unovčenosti, a samokud bi neku zakučasnu graju, kao da kandidaturenje ne zna, šljamom po sebi, kako se to, akadski, ne rintuje.

71. Ne znam nista, ali samo čujem neko neodređeno urlanje: „Konduir purpunir, konduir purpunir." Šta li je to? Zvuči kao francuski. Conduire, pour punir? Nemoguće: ovde u Ništariji su strani jezici zabranjeni, pod pretnjom smrtnačke kažne.

Ipak, možda mi neka nepoznata mašinerija u prisvesti (pod rasvetom) prevodi, na neništarijski jezik, ordinarno ulično urlikanje, *pod gasom*, koje se, u svim građevinama Ništarija, odvijaja, kao prema štoperici, iz vremena u vremena, redovno, kako se građani ne bi pljužno uspavali, što je protiv svih propisam, a i prepisa. U svakom slučaju, ne treba se čuditi, kad se uzme u razbor šklopocijankalijska (koji izvoze u svet) tendencija da se svaka društven delatnost svede na nasilja. Recimo, ako moram, iz ritualnih razloga koji nemaju veze, ići iz mesta A u mesto B (nijedno ne postoji, ali nema veze), komisije će od mene zahtevati da pružim izmerljive dokaze da sam, putujući od A do B, usmrtirao, sredstvom za kretanje kao vaspitnim instrumentom, bar jednu osobu bilo kojeg pola, uzrasta, starosti, *veroispaštanja* i kamenjarske konjunkture. Postoje i probrani dijalozi. Često mislim o ličnostima: ako mi u svest zađe po koji prividni entitet, recimo, nešto nalik čoveku, što se u Ništavilu često dešava, ostane mi samo da se obratim veštačkoj prošlosti, koju, u kartonskim kancelarijama lepo čuvaju od kiše. Ponekad govorim sam sebi i o sebi.

Uvek mi je pri ruci Petar Šođmoši. Međutim, kadgod se neki razgovor bezuspešno rastvori u raži, na mene navale buljuci očeličenih naučnih dokaza u providajnosti mojih sagovornika. Na nekom udubljenom nivou, nema nikakve opažljive razlike između mene i mene, što više ništa ne znači u konteksu. „Danas je sve gotovo", reče mi plaćeni glas, iz mog značovnika; i tako, kao da je celokupna stvarnost u mojoj režiji, a ni mene nema da ukinem tu logiku. U sred toga, bar ovde u Ništariji, svima nam je, i vidljivim i ostalim automatski dostupna logika prema principima glintonizma. O Glintonu ne vredi misliti, što apsolutno ništa ne znači, jer u Ništariji ni očemu ne vredi misliti. Znam po sebi, kad mislim, ogledalo se orosi sintagmama koje ne čuju, ni pri pameti, a posle mi se u mozak usele kolonije mravinjaka, svi po zazoru na elementureni glintonizam. Tu se i razgovor sa sobom dovodi u pitanje.

Na primeru, šta mi vredi da kažem da je Glinton lažov kad znam, i ne znam, da je glintonizam, kao pogled na nepostojeći svet, zasnovan na lagici, ne logici, koja organizuje stvarnost kao čist haos nedfinisanih misli. Naravno, ništavilo nema strukturu, i zato bi bilo potpuno besmisleno, i ništarijski, od šefa Ništarije očekivati strukturirano mišljenje. Na primer, kad Glinton kaže, recimo ovog trenutka, „kamen je okrugla mačka", ništa ge ne sprečava da, tri trenutka kasnije kaže „kamen je zadrigla Nemačka." Kao što nam Glinton redovno objašnjava, a mi ne razumemo zato što smo glupi, sve zavisi od toga da li „je" tumačimo kao „je" ili kao „je." Ima raznih „jeova." Sve zavisi od.

72. Navodno – te postoji, te ne postoji, i ne razmišljaju o vremiština, kao da nije reč o semenkama surog krozticaja, aferimatroza mi; u gnjunj. Razumem, ali ne osećam. Svi ovde, Ništarijanci, znamo da nam istečeno vreme protiče, po propisima gržišta, ali ne znamo. Ne razumem. U vremenu nema ni mene, a ne shvatam nikako

kako to, kojim šklopocijaškim metronizmom, vreme, koje, naravno, ne postoji, protiče, sa mnom u njemu i na njemu, nevidrovitom.

Nekad su o tome dopuštali ispite i bibliografije, ali se juče umešala država, sve oduzela. Ovako sad, danas i sutra, samo gledan u crni zid, i ne vidim ništa; proče vreme (vidi se po sakupljenoj tečnosti između potklobučenih minijaturnih ciglana u raspopu), zid zadrhti malo, protrese se, nemarno se pomeri unazad, a trenutak mi se vrati. Tako iz vremena u vreme; ukratko, život u Ništariji. A znam da je sledećeg zida, koji će doći, nemoguće doći, jer proboja nema. Uvek se zapanjim kad stignem do drugog zida koji se nije primenio. U stvari, proces je krajnje tajanstven.

Ponekad se ljudi skupe, u umanjenim skupovima, ne bi li proces malo okopnio; međutim, ništa; sve isto. I noći su iste. Ne mogu zamisiti sutra, koje ne može doći, a ipak dođe. Budućnost nas osuđuje ma ludilo, a prešlost poništava sve. Sutra ću tražiti utehu u zatvoru. U ništariji čovek, ako mu je sreća naklonjena, na državnoj lutriji dobije zatvor, monumentalne presude, što mo omogućuje da uspravno racionacionalizuje sve svoje otegnute papkobe, čekajući da se nešto okrene; ovde okretaja nema i ne može biti. U stvari, juče sam bio na Proslavi Ukocenisti. Na kiši, svi stojimo, čekamo, na kiši, očekujemo državno prihvaćeni nivo kišnosti, što znači da ćemo možda preći u neku novu faznutost. *Od toga ništa.* U zatvoru, kad povlašćene uhvati muka zbog stvarnosti, ministarstvo mi izrađuje dozvolu za utiranje u parket, i tako u nedogled. Naravno, ni to ne pomaže.

Ni sam ne znam. Pored zida, svakako, ushićeni televizijski ekrani brundaju danonoćno, poput dizel-autobusa, drmusajući neki proredak. Ipak, kao da sam im prišao; jeste, tu, pored zida, svima svejedno da li sam tu ili nisam; na kraju, i meni isto. Kad se udaljim, vidim da ni od mene nema ništa. Podne, mistika me okreće meni samom; zid sam zindanski: u svesti mi zabranjenoj ogromaški demografski skandali bez premca. Vreme je da.

73. Pre toga: drekadencija svuda; ima neka potočara, u stavri, spotakučara, u kojoj predstavnici jednako dave određene svodove delegadljivog stanovnistva, a i u uštvu mu. Svakodnevno stanje, koliko primećujem razmetanjem u vetrug, obično predstavlja normalovanu toplotu, koja nije fizička. Smislu se niko ne obraća. Danas, bilo kad, kad me šeprtlja ustanovči, prolazim, u sebe, isključalo umobolničkim kolima, čiji je sporovozar Ištembakljilac glavom, što će krečiti glavosečina u nešim gradojevštinama. Da upoznam strahovnika, u govoru, baš ionako? Zamutljivo, samutljički naokružen prigovor razgoropadavičarskoj nametlji? Tek neki uletak, tu, po strani. Silazim pri rešetu, kako bi siti grehovi odjarmili po koju gujinu tarabuku. Nema mi tu fizičke prirode; sam sebi naguram celomoždane dugove; a dugin raspodatak – bez ponoći. Svedrugo.

Upravo prinosim kišovitosti šafolja, nelektrisanog, a ni mene da ne podrži lahorastinje zabačenog zvižduka. Kako drukčije objasniti nestanačnost? Da se upišem na večernjačući kurs? Svi su digli ruke. Svima su pale opaske. Danas ili sutra su mi sudili prema Zakonu o Zaštiti Ubistva. Tužim-sudim. Podatljivost uvek dovodi do apsolutnog izjednačenja; svi a priori osujećeni na smrt kešanjem matornizma, plurišigmičkog. U nekim predgrađima *pojedinca* krišom gaje jatulj; kažu, ta mnogojanstvena biljka uliva dostojanstvo protiv ontolugarske nečitkosti. Posle mi drugi rasglašaci doopštavaju, utuljeno, kako sigma truje mulj, a ljaga izaziva stropopoštavnje, ali samo alef-nularicom. Grojska naređuje svečano buđenje. Zovu na službu gložju; tu, iza priveska; cupkam cao cule, ako me nađu, biće opet suđenje sanovnikom, a posle, ako ne nakon, rovac plastogorski. Katkad uđe Gleromir. Neka osoba bez ličnosti (ima ih mnogo, nadribeskonačni skupovi i skupštovi).

Veli: „Eto tako, upotrebom." „Gleromire", odgovaram, „pre svega, kako možeš govoriti dijalogom, kad, usotalom bezreze... „ Gleromir veruje da je spas u ludilu. Gleromir ne zna, jer u Ništariji *niko ništa ne zna,* da su u Ništariji svi ludi i da je ništavilo autentična dimenzija ludila. Ako si lud, ne postojiš. Ako ne postojiš, lud si. Što, naravno ne znači da oni koji postoje nisu ludi.

74. Pređinom li, avaj, a ne li – samo utanačiste pretna pogubljenja; da lažiram rečenjarstvo večnost, ili svečanosti, a nisam pamuklija nižnjeg grovora. Posle, ali makon, smrti ništa ne znate, a da vas ne uhvate, u sistemu, loz mi bon, daj jedan, dajutak snimanskog. Ali se uvek pitam. kako de ne uprostim pročešaj neležerno uskomešatlije, ljurkovnog, ne bi l pređašnjeg frasa. Priznajem proizvodnju ničega. Ljerkov mi ustajni o klokoviru kreštora; uvek fenomen. U Ništariji, ulicemerstvo stratištno prelazi samo mene (ja); pa nisam ni ja Ljerković, iako se neboje ne rikljamo.

U zgadi: pre i posle smrti ne treba ništa znati, nemoj da te na to spopatira krmeljavko manje zviri da ti ponton ne izgliri; i šamujetivno. Svaki trenutak – strogo iskorišćen; skleptale me sve neke lambasajuće osovine, od čovek na čicak, nahero, od šušmare do sljagika; i tamošnjim. Ne smeta, primerci zadrgajloga, prekoljuba; ma ne mani gužvari, *kad pogledem u sebe,* u se i u svoje vetrogonično ključalo kljuse – ne vidi se vise ništa. Pogledam u sebe; u neku unutrašnjost: vidi stambene hoklice, spopalitničarske ujdurme u čast čijih peševa će se obični narodi ubijati na kvadrat, po surutkalnom postupku, kako bi se politička poledicelishodnjava vadila po kliznom spljusku. „Trči, na ulicu, pali grasumu", urla mi neki zabludeli živac u bakelitu.

„Eno, vlasti masovnjački hapse stambene zgrade i radopnice koje nisu na librljažnoj linijetini." Zvučnost, neslanost – ovde sve isto, ako ne čujem šubaru. Vidim, i očima, očajno: tu strug: šetači na Gnevskom Prospektu, proklijale jarebice u tifus-notama, svi mi šaraju klembesaj. Tutilo mi naplaćuje bulaznicu: da šmugemo snagom, tu nam ne pali najveći goropađaj leve škuklje. Na ulici, redovi omašćenika: četaju da ih uhvati zapt, a njega ni od šolje. Tako, u Ništariji: kukaju za zatvorom, a zatvora biti neće, jer su sve szdove zakručanali u čast fiiziklasnim dućujundžijama. Strašna gljova.

75. Išinom, pa jamte, slugarišući, pa ću ti na jamnost; nema vraćke; ni podsećaj, jer, ionako-tako, a kako bi se oni (koji?) inače mogli razlogrditi, i to sveumašno. Nema kraja. Drugim rečima, moram priznati, iako im je svima priteško, da Ništarija spada u redosled zleminentno totalitarnih druševina, kaku kažu svi potplaćeni klasnogovornici, a takvih nam je.

Noću (recimo sada ali uvek) nas bude radopitljive sirene, i drugi oblici oblakoveljnog gurlitanja; u stvari očajni, raščaraprizvani krici izdaha u jedro, nesmirajna lokva i paponj, bez obzira na hoćesajni veznik. „Ne teraj me", vičem, a ni sam ne cujem kome ne govorim. Okolo pustoš; samo osećam, u namignovenju, da me nešto tera u propast, propast, zna se, koja, ovde u Ništariji, po propisu prima grobličje intelektualno-čeličnog tornja, Tornja Pameti. Kad bi nas pustili da tavorimo, pasivilo i skuka i Ništariji ne bi bili esencija lošinjstva, ali kamo preke sreće! Stalno, i u snu (kojeg nema), koračamo, tražeći pravi bat, prema Tornju Intelekta.

U tornju, koji izvesno predstavlja visinu, neki bi rekli čist vertikalitet, žive slojevi, jedan po jedan, higijentavljene pametljivosti, osobine veoma na zaceni u Ništariji. Mase nevidljivih duhova, zadužene aveti, bračni vampiri, zamalo okolostručni prnjatori – dakle kiseličarano stanovništvo Ništarije – žure, streme, u nadi da će im ništarijske vlasti dozvoliti da bace pogled na Toranj.

Iz Tornja (mada svi znaju da tamo žive iskjučivo rashlađeni spratovi samoće) navodno izviri tomovi naučnih radova iz oblasti književne kritike i primetljivog namazohizma. Sve što nacionalno valja u Ništariji izlazi iz Tornja. Ponekad, jednom u hiljadu godina, vlasti izvrše masovno klanje školsje dece (to ovde nazivaju testologijom),

a onda, kroz Erino rešeto, proberu najpametnije, najdaro-
vitoperenije i šalju u Toranj, na dostupno školovanje.

Kažu, iz tog tornjevačkog neživota, koji traje grob-
ljanskom otpremninom, prestonica izvlači sredovnike in-
telektogubilačke elite, koja im trebi. Kad se pojavi neka
nova knjiga, ili misao u čistom obliku, zaleđene mase gra-
đanski odsečnih mumija jednako šapuću „To je iz Tor-
nja", što znači da kritika nije dozvoljena. Toranj nam je
takođe dao novi Ustav i sistem totalitarne demokratije,
koju, prema kupovnom nalogu, širi preduzeće za rasplod
neofašizma, „Totalitostroj."

A ne pitamo za uzrok bilo čega. Neću da znam. Sutra-
dam, naletim na nekoga, a zato objedinjene klisure, pre-
topljene u sumanuljive poskoke, ridaju u okruz darovima,
a samo tu ja ne iko kako god? Pa šnurnost, pedagodljiva.
Nismo gadovi; samo nagli, nagonjeni, vetrovi moderne
dokusurenosti. Šapat mi objašnjava *demokrakakti* proces.
Kad kažem da nam vlada bogimperator Glinton, arhiker
drmatorskog drkadžiljkošizma, na mene se odmah sruče
namirisani odroni političke nakurenosti, u stihu. Naime,
uvek neko hoće da shvatim suštinu, a suština je u Ništari-
ji čisto operativne prirode, što znači da vlastima, kad ti
upadnu u udžericu u sred noći, moraš predati mozak, a i
nož kojim će ti ga izvaditi. Sve neki vidovi, a ni sam bez
jesamnosti.

Nije dovoljno samo prihvaiti ropstvo, tek tako, na pa-
piru; od nas se u Ništariji traži da ga prihvatimo sa stra-
šću. Kako kaže Ulamdžurkijev, strahobuljavi skleroteti-
čar zapadljive totalitarne demokratije, „Demokratija se
gradi samo jedan po jedan, kad jedan po jedan predajemo,
doturnim vlastima, jednu po jednu ljudsku osobinu kojom
se dičimo: danas pamet, sutra identitet, preko sutra dušu,
i tako dalje, sve dok nam slasne vlasti ne daju medaljon
za rasvetu apsolutljivog slugeranjstva u cilju ciljnosti i
svrsihudnog radakanja na mlevi."

76. Prisustvuje, ludak sam u dalj, i daljinomeraklijski,
ali mi niko teško ne moždani, mada sila krčmi zavijutak,

ne bi li izdahnule vetrometinom urvinjenog samostreljaštva. Svakodimno, svaka, i najmakljušnija, misao, ali od oka, timarli razobličene praporcije tipa hodnik-uvod-tepih, pa dam sam srča lepo u *Blokej d' Orsej,* utikač plametihove lopatitike i odabijajuće teorije pregrađenog suvereništva (pazi sad!), što ni frankirani kardinal za poslugu misionarskog genocida neće ljuštiti policom, iz stilskih pobuda. Da li se istorija prinavlja. Ištarija, neograničena provincija, bez olonimije, države Ništarije, ne sanja, i nije, o prasetini ututkanog dinamita za rastop redakcije u ulici Plandovskog; ni sami ne veruju mutini. Slikam, jednog po troglog, prosećanog građanina Ništarije: onako blatnjav, sav mlad, unosi se u šljunak, voli zatvor bez okolišenja, uživa u kontrolisanom mišljenju, živi za trolu, sve tako, ztvornjački, pišu mu pisane spomenike na Sumanatri, misli dolezno, dolančanom reakcijom, jer smo svici, u ništariji, pod rasvetom principa TK, dapose, TK, kojeg se sećam na panou jedne staretinarske ambasade, verovatno osmanlijske, kad su kočolozi vladinjkali socijalitičarskim Balkanom, tu, u ambasadi, TK, turecki akreponizam, odišući značenjem sledeće reči „buljukeglidži", koju, ne mogavši se otrgnuti gnutljivom odbroju, rojevi istih ponavljaju, kao mantruljevinu, po obroncima *Metiljave Imperjanice,* na konju, ali pod njim; kao da je reč o čarobijaškim rečima, a nije, jer smo na tom mramoroznom panou, za paranoičnu upotrebu redova, videli plavocrt, Urtext sadašnjih planova, istopljeni ustav Ništarije i svih budućih Ništarija, TK (Tito-Kardelj), koje neće doći, jer je već došlo, i ostalo, tu, i nama i vama, srećna nova prinova lepljivih banketa i diplodokačkih zbiljateralnosti; sada ćemo svi mi, u Ništariji, ponavljati isto: u Ništariji, ako zucneš protiv TK, odmah te ubiju ličnom ispravom.

77. Samo mi to da, osnosno, da se damo na brzo učenje, jer, kako saopštavaju, veselnički, sve to (šta?) mora biti brzo naučeno – a kako bi inače postigli sve to (šta?)? Znači, ko nauči nešto važno, ali ne odmah, to mu se učenje – ne računa. Odavno sam predtao da tražim racionali-

zam u Ništariji, ali oni i dalje uče, uče (nešto), a kad ih čovek nešto priupita... međutim, ne smatram da sam nešto bitniji, ja to samo onako, živim, eto, u Ništariji, poslušan građanin. Vidim, onomadno, pojave se neke novine (u njima nesvesti): sad ćemo nekog da gumnemo – nije sala: umoče te u neku ražalovanost, ni sam.

Video sam trijumfalne povorke: neko nekog ubije (nije važno), koristeći gvint ili zahvat u smislu gunskom, svodeći svestvo, taman, na neku hinduističku elementarnost, sve u skladu sa troglodarskim sistemima silnjačkih ingerencija; ma nije, proneo se glas da to neki Fukarajama, ništarijski ideolog, predviđa kraj vremena, kao da vreme uopšte postoji, kao da išta postoji... nego, opet mi o gunama, gde nekim knjigama bacaju bibloteke, ne znam. Ogromna povorka u gradu, osiromašljiva (umišljeno) rulja, sve na parove, prolazi glavnom nečistilištem, mumlajući: „Guniman, guniman, gunam", misleći da se doturna samantra odnosi na dnevnog heroja, koji, eto ubi. Nije važno koga. Glupilo bez dna. Akademoničari kažu: „Čitajte Barthesa, onog čiji *mozak* dospe u sve pruručnike neuroslamatike, u povodu mozga, autora nepomične knjige „L'Homme-pistolet", samo da ne plati.

Rado bih človio u vidu akademotski pošlušboh, ali neće da mi objasne kako da činim... Zapamti, tu nema centra, osovina, nakolmovanog zvekira na prigodnom radu u čuturi. U nekim osobinama, na primer, naročito kad ćutim, samo na mene lete serije sivih stepeništa, uz obligatorski stilski nameštaj: jata ispričinitelja bez zastatka; a ja – ništa; u stvari (lažem), pred personalnim sudom, stojim, još uećano, tražeći prikladivne reči kojim ću unedljivo opisati i definisati svoju nistavnost. Naravno, nije dozvoljeno reći: „Ja sam *ništarija*."

Vlasti veoma loše reaguju na tautologije. Čovek mora sebe nadmašiti; i u provijutku omašaja; naročito. A staložena ocena svežnjera lako li kucka: „Nedovoljno si ništavan; moraš više postići. I opet petlju. Da probam neku reč; recimo „glikvjur." Sad sam tek. Neće me li.

106

78. No li da li će mi li ća – ni traži, a ne, jer mi Žlavoj, da ne kažem opatamanačno, Gruboj, imena li mu svudajamno – Pepsolić – ištem graničnost, a stožeravica mi se jednako skanjeta kamašinko, što ću ionako. Da drugnem: serviraju nam buđenje, svakotračno, i u uklizu, pa ti nemarno zobogoradi, pa te istanačno istanak, a nemoj, pa u Ništariji ne samo da se nespava nego i spavaćica uspravna, da kažem muštirkana, i to okinutim prozorčetom.

Naročito, strukturilačka stvarnost, koja kažu, usisava kljakanpvsku strukturu ničilizma bez društvilačke japogdeme. Gradimo civilnu ciglu! Nema tome. Sudajamno, u načelu, beznačajnički, po dotur. Nema braniliački gorućih pitanja ovde, gde svoga nemaš i gde pasmine rastinjaju; nema ni Termaunera, da izmišlja mašine za zlokopis. Nema ni ošlosti, iako se uvek, po praporju, mogu, a priori, pržnički, diviti bilo kakvom pisaniju sa zlokopadne strane; svako štampano, bar nam tamo, nosi transparent na kojem je pisalo „Bolji", što se direktno odnosi na mene, mesecevog. Nisam ni ja *devedeset deveti* deda, a nije ni Sulim, pokazani autor, pisovarnik takoznanih „Osobina bez čoveka", a ovde nema ni toga – da ga praši. Drugi, napače, kažu: Nije dobro, ili – nije bunar (svejedno), iako bi, premda, i sam Kejmon Rendao, o tome sasvamačno. U predahu između sledeću bunarnosti, po koju reč o mentalnim zatvorima, koji, hvala na pitanju, lepo funkcionišu. U Ništariji, kad nešto zamisliš, sledeća misao, mnogo jača, predočava ti da ništnost, račundžajući po kremcipu „kur-rekur", zivka mnogo jače, tako da pređašnjeg nema, a ti gledaj.

Čist Spiranezi, a i mozga. Matenatički rečeno: četrdrvensetnina sparalelejopipnedajbožekorenakvadratimostevljeneh

79. Platimo buđije, a ni za skrozaštvo, ti, hoću ne znati, ni Batija Mećković, ni silenaši, ni zeleni kakvulj. Uče nas nekoj nisamdžijenosti, što bio ionako štogur, pa netlju, u pametljici. Ni reči. Po kako, da drvnzvrcne, što će Marmeladme, velki pesnik ništalački, što lepo otkri krat-

koveti ništalijanstva nakon spoznaje čistačke lepote (i krepote). Nema tu, ionako. Pa šta ću, pišu mi nekakvi smutljivi integrali, mada znaju da nisu gral, nisam ni ja, kao kud' bu, jer to; a neki jezični brojčanici, od puste čamovine i skuke, neće ni da otkažu, i to kako; što, i daljinski, samo znači da (kako) to jeste život prazne praznine, o osamu ćemo posebično. Druggim rečanama, život: prazna istorija, i sam nam reč. Ca.

Nema potrebe da se nešto: stalno mi govore, i ćućore: ono što mi dešava ne dešave se nikome i ničemu; čega se sećam nije sećanje; ono što mislim nije misao, eto, priupitajte Strašimira, Šopenhuljera i Trulca: svi su protiv-za, a senzaciomulizam nam se preskako zalaže, naročito za – i sve tako, ni sam. Delili su knjige; koje ništa, četrvastljivo: mutuljana tuljumćari, zlikurde kardaše, a tematičarima dajemo, za oznaku, Poljančićev metal, za nagradu, da im zavidi strug, naročito rotkve. Eto, stadoh, a ni ti nećeš poći, što ionako niko nije. Mrzim kad mi govore, naročito kad ih nema.

Između jedine varijante, i ja ću znati da mi oni koji ne postoje ne mogu dovoditi moje nepostojanje u neput.

80. Navodno, du kadim, lje, sada sve šerpa, bez (ali sa) pemozurnogiem, ali pravičhodnog kod Zbrkovića, koji ne tvrdi, ali ništa znanje, jer ionako jer. Nikona. A pavlaku ću, najednom, primiće Zbugibratića, člana kalafatalnog, ali ni niumlju, da pa da ga ja na; neka, tutmaće tu neka futrija, ne gine in zaton.

U natonskim griznicama, samac – psizamsko posolisampsistički Pacov, samodredništvujući, afermam, ali tu su mi, napodsljurni, pumači od zajmakčengela, natonskih, pa će ionaćve. I tu, i postrani, svi misle po nekoj novokramponskoj lagici (druge, a i nje same, nema), pa im sve udzašto. Znači, ne u depresiju ne primaju dresinom. Tu, suljagom, približe Pamir, ponečno, i, opet ništa, iako, prepreče vidik nekom honorarnom prečicom, tek da se. Ne, nemoj mu jaram – oteti, pa ništa, samotocilno, priznajem škripim, eto, uživam u kesteninama Glintonističke suljažnosti, koje, poput mušičavljaškog sala, tu ima, potemice, se. Ja, ne. ne dam da mi mozak misli, ne dam, zabranikom ću u pročelje svim počitelima kreligije, šamotom, bitanžani, svi gunjstvenici, vratite nam krvavu parizersku švadbu.

U zabranu gromovine, eto, neki condžija, paušaljivdžija, enam, ni tuštikle nam nisu. Ćutim kad govorim; u tom mi, tako, sve zaćori, nekako bušno, nisam ni; ne pojmim, pojmutavljuštim, ni misli ni tekle odfjake, sve mi zvuči nekako *neslano* i bazdvljeno, a da ga priupitaš za zrinu, ta rasparana sećanja ne bi ni sebe oodrhtvutala za prijem u uglinu. A ikad ćutim, nikakva mi čast ne odaju pištvu; pa šta sad ionako. Vratite papuču. Vratite vregmu. Javljaju vesti: Ništariji sutra ukidaju, cerekodijalnmonistički, Boga, jer se s klipodaštavanjem odnosio prema suvozemnim organima verovanja i koncima za kuglagere. Kažu sami konci. A mi – film.

81. Nalij krezubatost, na Fermijin klatanac; akadimignacija, strogo povzbranjeno, tu u gunarskim. Samo će mi kafkostrožnost spremiti (za bujagu) nekoloklopne elemente idejalačke normalnosti, za kojom, nasvodnom, žudim li tu žudimim, a drugi, jer im je dodato, lepkasto li da poseduju neke nivelirano svojdstvenosti drustveno-opisne energije, navodno, ingetinrije.

Prsi mi se dlakava jara: ukebali kiblu, panika, ali, ja, nikako da se becvikiram, kao, nije mi ništa (lažem). Hoće li, pitaju se, ali menasto, dozvoliti dozlorđenje šemaste upe? Sve ne, u spahiljicama, nekako kumasto, što neće ni nastva; nekako nejem, a samatma vetežnog jurka, posvemice uneleženo, buterpasivnim sedefom lemnijse gluhote, kojoj prilažem osnovicežje. Navadno me neke probirljive misle prepoznaju kao svoga, ali u meni, naravno nema nikakve unutarzije, inerlikovitosti' što jednimno znači da takvi, ili bilo kakvi, kvalisavi tetovorci ne mogu, ovdavbuđe, u Ništariji biti zamišljani ni u mračajniku na kupozadaju.

Ej, primi se, sebi, sjedinim se gde, prepreči mi put honorrana pripreka: tu neki valjci, nezbeze, uvalili se, protiv priploda, neće li me, lužički, oboriti uzajamno staklo, to staklo, sve se obstaklo, po sebi se samo preprečilo, ni Nikolka da mu priđe koračničice (zovu Aleksandrova). A ja ću neke druge rizomlije. Taze vestovitost: u Ništariji zabranili pojam ničega; kažu, navodno, svaka se reč odnosi, a i prazni pojmovi nešto predstavljaju, što se kosi sa.

82. Kalim, vala, a i kalemem, jašta, no pijaju mi rojane ijalice, prema reifiksovanoj prekošturnosti; što će poreći: nekodomno besmuće, ionako, poždravljavši, i to preko, sviknuv, od jedinogatog preloja (juštru), pa grunite, alemom, lemite, svatako te pasirane neprilaze poraz-ničkoj ratmosferi. Umalo da zaboravim: u Ništariji, gde se svakog trenutka štampaju novi proglasi protiv znakovnica bilo kakvog životarstva, danas (i sutra), prasceljivi semiotičari, koje država plaća u dalju, raskrivljuju, pletimice, protiv terminologije za smrtnonosačku upotrebu. Ako termin „smrt", budući semiotička praznikva, groborade isti strunjaroši, uđe u svakoplivnu upotrebu od nastrane običnog, ta će doricajna krupotreba ozbiljno proremetiti vaspoštavljene pravnoteže druševinačko korisno ništicajnosti, i to time što će razgrađanima pružiti smogućnosti da o nečem misle, što ne valja.

Čak i prazni pojmovi, koji predstavljaju semiotičku šupljinu, navode građanstvo da misli o šupljinama, a predstave o ničemu su ipak neke ideje, idejaje, u stvari, koje mogu dovesti do goropadavičarskih potresišta u svetlačkog srcu Ništarije. Stoga se građanstvo strogo naređuje da. Potpis: Glinton i znarogušene *buljage* za raspliv međuudnosti ka lakomitetlijama. Tome se ne sme prići lakomisleno, podvlači jaz, pa ampak, za zvezo. Šta sad, da li opet?

U Ništariji se niko ne pita, jer niko. Nešto me cimaju, sada, za zujne fondove. Neodređeno građanstvo u Ništariji, na primer, prima svakorodne odrednice da polaže sve ispite danju,a pogotovu stravičajni ispit, neki kažu „ispičić", po imenu GRE, što, navodnjački, znači „Gradualna Rekorderska Ekshumacija." Procedljivost krajnje jednostavna (allegro ma non škorpio): Spotični građanin Zemljurine, izabrana totovskom plutrijom, izvrši semiotički raskok (više se ne kaže „samoubistvo"), u rekordnom roku (inače – kazna), a zatim dokomentariše, dok mušine zvrje, vršilaštvo sopstvene obdukcije, u sparazitske svrhe, a u čast i slavu Republike Ništarije i njenih sveroradnih progona.

Ej, bez GRE te ne puštaju da učis viseće fakultete za naučnu radinost. Šta mi vredi što u Ništariji spržavljani u principu ne znaju gde su (između Zvakande i Keksika), a Ionesko im služi za prekuvavanje roštilja, kad slabašno spuštam glas protiv kolopleta sužnjevističkih ideologija, koje, nije jok, vladaju i mojom bestragnom glavom. Ne lažem, svi vršimo neke nerazumljive ćorove, koje trpaju u kontekst taskovitosti, rezultata nema, asvaka ćornost, koju ne umem, glikački vodi novoj, jos nerazumljivijoj. Ali neka, mi smo, kako kažu ideolozi, taskovito orijentirano, i od toga živimo.

U širem kontikijumu, živimo u eri asignacionoizma, što znači, i oseća, da nam kreferenti za ćornu taskovitost jednako moduliraju staklene prepreke, gde staklo figurira kao „Ob" na „Als" margini, prepreke koja nam neće dopustiti da ostvarimo normin rok (sekstonski priremećaj). Tu, kljove samački popujdale žvaćuću slamaricu, odčije kajgane krade Petar da plati svice, ili svicima, a ja, naravno, ništa, jer pojedinac, po definizmu, ne prilaže pravu meru, tojest ne meri gore.

Vonja na lošu, zlonamernu ambalažu, tu, svuda oko mene; vlasti znaju da sam oličenje besmisla, da mi ćorovitost, psistematičnost i performacijski racionalizam ništa ne pomažu, ali strožno zahtevaju da marljivije manifestujem svoju ispraznosivost. Da se popnem, predlažu, na krovove, čija zamišljena zastakljeno neslojevitost izaziva muku i skuku, da radim u odrednim prizračnostima rastelovljenih kvadratišta, da povećam prisustvo svoje prispraznosti, da ne postojim zorno o uzorno! Nova besputstva stižu li stižu.

83. Ne, ne računuĐa mi se, nikako; drugavši, ne znam – eto tu – kako ću bez Ćorovića. Kažu, nema nijednog romana, mada nije o pomami. Beneficije – uglavnom poplavljene bez popravne krajpita; ne kažem, ali tu, utulučasto, vi ste vržnjevsto, pa kom krozbojnica, kapa rutavaog bega. Da nije reč? a kako bih inače, u spljiskanosti nežarujućeg, a kabastog, švajstva rezanačke krosprike.

U venjaku, de, pa čikulje me nespoznatrenim, priljažno grobojnim, otpevnicama; čuvaj! Ne samo blagodeti, koje vam isplaćujemo, bez pouzeče, ali samo na daćinskom svesvisnuvšja; tуširane zbleneficije civilizačkog nepostojanje, kao da je postojanje alternativa, a stalno pričaju o mogućnosti, u okviru tapkanja u mestu-hadužestvenom, kao da će me tudašnja pokrivenost; ma nije ni reč o nekom ontolajućoj pokrivenjštini, nego, aleatornjački, samo po zasebini, rezpuće, bionako – čistina leposlične benavosti opštedržavnog pokrova; dakle, da živi čovek u repatoj blagodaći prizemnog smotrajka, pod večernjom rikom lajovinskom truljka.

Ne postojim, u razlivenom prekidu nesvesti; osećanja volšebojna, po uputu plaćenim ništarošima, is džepa, što skrobivreči dobrobičevima, ali to. Iako, pa kako, neću li aromotsku ispresecanost ničim, tek kako. A ni unutarnja samoća, jer u unutarnjim predelima ih nema (predela). A ni poluzatrovana primirenost duševarima idiotološke šupljine, bar da se odmorim od razničevoštane prenapetostil nema ni toga. Protivnik mi noćni *rapir* kalemljenog turbana visoke traštine; taktički, povlačim se, po plućima, u imbeciljari, možda me neće ovo vreme. U polurazrušenim laboratorijama tuđe, prvostrasne svesti, koju ovde plaćamo po krugojarmu, sadi me išiznutost elipsoidne soli – kao, to će me, smeštajući neke veštačke horižonte, ali prečumno. Jeste, tu ordinira Čabošinski, nema milošte pred crepastvenim krajugama. Da verujem poluzmešljenom krmelju mesijaničarske diplodoktrine prljavog vešanja? Kad ni misao, a zlosutlijaš.

84. Mehurujem, ali ne za platu, koje nemaju; bre, pa ipak, i na ulicama nekih gradova, i to građenih po krupticajnim šeđama zavodnika za urbani zezvek ničeg, da ne kažemo mrtvosanog prostora, gurbanog, za kaliranje, po kvardratu, u bodu, proharovskom. Ej, ionako ne metiljavi fitiljev.

Prođeš ulicom: levo-desno, vidim, na trotoaranju: sedač; evo još jednog. Pitam, šta. Ne odgovorovši, nadležni lađno tvrde, kažu, a ne, sedači su plaćeni osoblje; mi im dajemi platu, po činku, da sede na određenim mestima, po nekim ulicama, a oni poslušno cvrče, bez obrušnjenja. Ni po čemu mi moja funkcija nija jasnija od sedačeve, iako mi ni njegova nije jasna, što se poklapa sa utuvinskom nejasnoćom oblizanih poriva. Sedminom smo gradili obalu. Ne, gradski život u Ništariji, pa njega nema, i to veoma zapenušavo. Ako vampiru dosade sedači, koji i tako, evo nas uvek u carstvi vilinsko-viličastih brozjaka, koji, uvređeni što opštipak zabranjuje brozjačenje, rade veoma utuvljeno, krajičkom otkora. Ne traže oni pare, koje u Ništariji ne postoje, jer su u Ništariji svi opareni (bez paučine), već gude, zapomažu, bogorade, tražeći od nevinih prolaznika da pišu ogromne idejno-polugarske raspreobine, kojima čovek posvećuje večnost i labodno vreme, o aktuelnosti JBT, tog veličanka oseobine, ništarijskog uršerifa, čijoj se uspomeni i dubljaskom sečenju svi politikanjci (i kenjci) u Ništariji veoma klanjaju, ne dopuštajući da se protiv istog izrekne ružna reč.

Eto, danas me salete jedan na ulici, urlajući o nekim novijim teorijama o bombardovanju: kaže, taj narod treba uništiti jer su krivi za smrt JBT. Da oni nisu postojali, on ne bi umro i Ništarija bi bila *skaredno* srećna i pregrejana, poput univerzitetske biblioteke u avgustu, gde redarska služba melje sve knjige čiji autor nije Buradžija Ferdo Kožnjak. Pa nisam, a guram se među rapratima simuliranog ontoljublja.

Od većmugaste satre pa da mi nije raskriljenja iznutrica odvoja; odblesak pod trolom Redžibolda Fjamunđa, u korakciji, po istrg, pa kako neki hodnici, isprano odjekujući po nekrizmanim tarapanama snežne jučerašnjice. A dalje, među simčasto naoblačenim hodnicima sve moćnijih ništavila, ti tupi, zastakljeni zidovi moje inventiranje, i dalje će zračiti neodložno bolnom tišinim planiranog ropca. Možda će mi osvanuti neki jos unutrašnjiji zatvor za poslove, gde će možda nešto, mada u Ništariji ne postoji možda.

85. Ne zna, u stvari ni Bog, i zato ćuti, primemljivo. Danas su računali. U stvari, treba se diviti spoljnoj politici Ništarije, ako uzmemo u izem ti razbir kamenitu činjenicu da. Zapravo, tako. Ne, reč je o političi na dubunuraskim filozulufskim osnovama; a kada li je ikad bio uspostavljen uticaj zentiteta iza zavese dimnine, s onu stranu ničega i takozvernog živog sveta; da ne pominjemo iskrivno paradoks instrumentaliteta fizičkog uništenja poteklog iz ničega, da ne kažemo ex nihilo? Ništarijo, širi grane, pa ne trebe padobrane.

Guli tačke; tačno, u živom svetu, takoznanom, divlja kaznena surutka iz najdublje dubine ničega. Građani Ništarije, koji ne postoje, ne primećuju takve stvari, ali neko, negde, na nekim visodubina ništarijske politicijane strutkure, možda, iako u Ništariji nema možda, uživa, u trenutku, dok zmija, svoje mozfačke moći izvan političkih granica carstva hapsolutne smrtarnosti.

U međuvečnosti, radi se punim brodovima. Nikad mi nije jasno; primam naredbe od sasvim raspamećenih pazuha, niko, i nikom, ništa, ni oni ne razumeju sopstvenu ćutnju, a teramo dalje. Na primer, prvog dana, napade me neka blagovajnica, krijući se iza bezimena nekog neintuicionalca, „Ej, ti – ti si u trublji, ne moram ti ništa objašnjavati, ne znam ni šta radiš, ni ko si, ali u trublji si, eto, znam, a moraš se bitno promeniti ako želish da izađeš is trublje, u kojoj ćeš zauvek trubljariti, da te ne mala, lepuškaračkim novčajnicima, i sam maler Trubljev, koji nam neće platkati Rezimova, kome ne dam da oženi štampariju."

Šta tu ima. Neintucnici sam mogao zanemariti po principu „ako ne postojim ja ne postojish ni ti", ali nisam, ni sam ne znam zašto, verovatno zato što ništa ne žnam, i to tako ostade. I tako sam ostao u trublji. Pa samo. Ali bilo je paziti. Recimo, čovek, pomirivši se sa neegzistencijom, ipak ostane u radnom odnosu, misleći da obtološki kantar ne ugibu, ali razni međupasji odnosi ne bivaju anulirani negativnim predznacima iz ureda za ontološku orijentaciju. „Postoje" tu nekakvi rukovodioci projekata, koji jako paze, ali nisiu svesni sopstvenih projekata, a ni sopstvene sopstvenosti. Eto samo juče, krijem se od sebe, a Merularija meni: putovao si po Krumbariji, što meni zadaje bol, jer Krumbariju smatraju otmenin predelom. Ludilo? Kako objasniti nestvorenju da Krumbariju, ili bilo koja druga čisto imaginarna oblast u Ništariji ne postoji? Međutim, kako pobeći od pojma Krumbarije, koji se ukotvio u iskompleksiranoj nesvesti nepostojećeg nestvorenja koja, sada, eto, pati, jer vidi drugog, koji je nekad, onomadno, nadljudožderski i otoično, jezdio po nestvarnim daljinama i šupljinama stakličasti i maglovinovnjačke Krumbarije, koje nema, kao što, nema ni entiteta koji zbog ovoga pati i meni ustinjava ionako usitnjenu rastvarnost.

A kako da lažem u svetu gde je *laž* istina? Kako da se odbranim od ranjene ličnosti koje nema? Nema ni umora. Pozvali mašice na štunji; de, razulariše se penati, a tocilom kandidtelji na jednog; profesionalno, krstiše barutanu (Ljudmila), u nadi da ćemo svi biti u istom (punačkom) tanjiru. Daljimice, razba na prištalj, pa ćemo štedro jarimice. A punimo, što bi, a razdrulj, kao i vatralj Iđe i Niđe; mišljah: japakrakater, samo da polegne prašinčina, a potom će sve bušotine primiriti krateritorija CNN (Centralne Naseobine Ništarije), i tih rogova. Neživ mi Todor...

Nakod kladnje: premashodno posuvraćeno raspolućene rovinjare, lakovana šegačenja po izbirljivim stratištima, tištnjače u šepnju. A na rezini, samo po koja klijančevina, postepeništarno bajcelovana, šašeći đermdevinama. Po koje klupko kubizamskih pacova na kvadrat, a guraju smrtoposne tekućine u lisicama. Tu. izjamno, i sam Trabakulov, Joška, vrši iš, da niko ne vredi, što po sumnjarniku samo pomije. Psihotimice, negde oko Rogate Slatine, jaznost, gegucnuo, šećerašta li po po.

86. Neklata, ili, om, pa samo ti, ja, vratimice – kudgod; nismo samo lažara nego i sve: šalju me na znanat, gde ćuk ni imalinovskim budžetaroški. Zarje nim cimetavlje; navodno, a navlače – tu gli al li, zlotvorački, samnitičarski napadaj – opud. Svuda sudi gleđemje: a ni misao, misliš, kratodemija, pazarilo državno sneređenje, naočito pastuvski.

Ništarijo, mrtvo slovo, svemnato pa zalliveno, gde niko ne gleda, naročito ne sebe; gde se nista ne vidi, ni slepoočnjakom, jer svuda, pogotovljeno, pa, iza suda, na svakom raskorako, ne muti, slike, slike od, pa gledaju, pogledaju. U sred nekog središajnog buđenja, buđavog, u mene jošte bulje odsjaji svih slike, zapravo jedne jedine slike u Ništariji: mislim na Gorgonu, autorku bombarderikožarskog Gorganona, udžbenika patokljagike za malo Glintonljane, nedoučno potpečene, a česmarice nikako, samrt na veresiju, gde to mionako, iz očnjačke krezgljube. Zavedu te u telovodni broj, gle. Maše mi neki ludak, misli: proći će sve svekažnjeno, a ni ja. „Ej, alal ti telal“, reče Šegutin, a ja bez njega tako mogu.

Služili su guštipke, u korakciji paragrafičarke Amerimeje, a tu se vrzmahu i mućandžije, te Ksilandra, zgraditeljka Gnjilavre. Na jetrometini, navadno, sve samalička istitutnjava. Po travi – samoticajstvo, a prođe po koji redenik-namernik, tek tako, redarstvenosti radi. Ispod tutke, opet, minovnici i sjamarice. Ovim rog jednako divani cvećaeskom prekletvom, a služe stožeravicu uplitkovane časnutljivosti. Po jedan. žNa krotezi palijaševine samo po koji, a *komadejstvuje* im Giljotinka Prekardašević, razumetlijka, upravničejka raznikljavih ona (razniona, kazniona, praona, sraona, izražajona, da ne kažem); a sve nešto pristavlja. Neće rog s ćutnjom, a žreblebija. Jestum, glijo! Udri! – pa vli zolšebnici, iza vozovoznih kola, štambiljima klatno, a u kolo, zelenaši – napred. Duvaj metronomom, samo u tem Gromboru, na najavi, pa će nema. Samo tako, a barem kandilo, zdravolinijski banahoće, i to u presestvu Kalajbegove ciklame. Tek ima da dođe: katamormonski orozizam kornjače koja je tu. Od jašmuđa – ništa. Demokratski, bar ovde, svaku diskusiju rešavaju zatvorom. Dakle, ako ne veruješ u apsolutnu moć demokratije, društvena rednja te smestično trpa i rastuće zatvore demokratskog trijumfa. Sve u zatvor! Zatvor u zatvor. Nije rezon nego prison d'etre, a kako, moliću lepljivo, može „d" kad je prizon/rezon sam po sobabljivosti, drugo ime za bićulićustvo, što predstavlja bajnu skrozštinu lapotajne arhitekture zemlje Ništarije. Neću da kažem, ima sveta van zatvora, ali sve manje. Juče su se skupili na jednom od zabačenih trgova, onako. Kad uhapsiše trg, samoća se treže. Posle ništa više nisam čuo.

87. Spotakli se, kažajši, biljurnim sljemenom, ali, prekoć mu, samo da ga samac nagaznom grimasom, jer ću, razvodno, navoditi sveto hapšenje na neku. Od nekih švarola, eto, da mi se raskrade ponavljajuće poniruća ispra; drugim svećama, svakonoćni novi plan svekuglarne razrade za dojam.

Da ne davim gnjurilo: oplodićemo novitet trenutačnosti novijim programatikama svakozvane edžirajuće kate, da ne kažem katirajuće edže, bez gedže, jer su tu upravlja bez kreštolja. Elim, pa. Iza svega, samo srvokratnici istambulaznivačkoj šišiparja, risparložnog; kljaštrijamufaljeznoskoražnjevkimblotaka – pride, manite se pomahnitalih zboglutaka zamesijanskog upiša: drugursuza tri, skale u obrisaju gnjoštvorene kvarenike. Istina mi, Krepoje, prislužnik pokrajinkse neuroze što jetko hoće, i klokoće, u Europac, spotljivi, ne krajući pri truležljivom krajoliciderskom ličemera, pa smo svi, Gruju, onako tazereš, snimljavi. Sam ću pristaviti pregrade.

Vidim: komadeške ničega, prozirne gromade dušegrubljivosti, nekontrolarni svežnjevizam. Iza toga, prezirjačim, meneljaća kalambruševina koju tu, što netrupljevito ne zrači da su patajogunj izmitrenog kroljudđa tek onako. Na ulici tek: kliču odtstavnici repuklikačkih osnovetina, ili, da ne opisujem prezamračenost jesam-li istog vretena za smuđevitu pavlaku ještre.

A levni šinarnik, pa neće, prisključivo, po nekim izgljugama. Bezrajnost, neću ni, ali samo u raskladu umašiniranoh granjenika na Teseri. *Ropcozicija!* Princip: dobiti glavu, istaknutu, ali tuđu, jer svoje nemam, jer sam bio (i jesam) zauzet dirigovanjem koreografičarskih kivnosti kolona tompusara. I to možes raščeti.

88. To ti mi dođe kao – idi – „Mrestečina sja, trtav monja ja", ali da ne prikvarimo jeletopatejnički šljugmamu, prema šperplitkpsti. I vi, samnitski, možete započeti privatno ništavilo, uz sve zapotečnosti, u Ništariji, gde. Trk! – umaju, kažu, nekakva prozgledala, uglavnom umesto knjiga, a ta zrcvotočateljstava, uveravaju me, služe da se direktno prenese, tamo, moja, i svačija, unutrvenjava vispraznost, koje, veli pржava, nikad dosta mu je, a slava. Ima drugih metoda samohlorifikacije, ali me ne možemo prići. Ipak, samodoživljeno nistavilo više liči, ali ič, na plenarne koncesije visećih jetrvenika, što neće prestati, jer nema.

Da verujem sistemenu dokonačnog odsjaja. Umesto toga, subotom nas razvoze, bez reda, po nekim predavanjim o zveronauci i mehnici; ponekad nas vrate, ali nekako nežive, što ne odigrava; tom prilikom, sećam se, dele nam monetu za podsećanje, što u Ništariji zovu prijatnom kaznenom disciplinom u interesu razvoja gnjičega. Stalno, i kad ne govore, govore isto. Ništavilo, osnovodni gnjilozofski sprudament zemlje Ništarije, kiselo je, i lišajno, lice republike Ništarije, i tu nema. Mada znamo kako je sve ništa, to ili se mora ponavljati, izvan i u, zvekodnevno, uz jedreno iznošenje zastave, koja pati od nestašice simboljki; a danas će nas opet brojati, u prinudi da ćemo se uzdići do nularice. A prirodu, kažu ništarijski naučnici, baš.

89. Šegrtaljke, šta mu, Joštoviću, pa, eto, tu i tamo, ja to, ama sve, cakum-pakum, da mi, ali ne, obgoradi, po jarudžbini – svudaštvo, izmeđajavši prneseoljene senkruparije plimatičnog ujeda. Razprimer, a imazno li mu da ga ne ošljarim kamatiku snenađa; da li ga – svizma tu ne gruđajši, pa kako li okrpiš okotnicu; ne, Martija je štaka, ionaćve kažuckaju. Guralke su.

Nije mi šljaka priznati, ali u izmaglici, pod svištvom, pri šljačnom urumu obaljenih nadjuprostrinjača uzemlje Ništariji, tu svegacaju, opolje ned. Ne samo da ne postoje, barasto ovde, misli i ideje, nego, poput generaltalambasa, tu čuju, čuvaju, a truckaju i tandrču, jedno te isto, naravno, pod priperorezom, samokvaklo ime: Šlomišević im jako smeta, smetljarski, ali bez njega, tvrde omučnici, i nepostojeća atmosfera Ništarije bi prestala disati, iako lopatika ru radi za sebe. Od mržnje – smisao sopstvenog nepostojanja. Vratite nam ubistvo! – kliču razjarene mase ustavnih fantoma, koje dereglijama raznose od urvine do kotvine, u raskošzorje, negde iza sata, među šafoljnim treptajima nerođenih pristalica svega ništavnog. A Urva, ta samostanična pristaviteljstvujušča Ništarije, ona redovito odlazi napoklonjenje među Jrnocorce, na planinu Molmitor, na koju je, zbogradi nezajažljive muljanholije ritualno, pritnareski, nabijaju, dok zabrađene mase dobrovaljnih pokojnika mumlaju „Ooo-gljaj, ooo-pljaj, rik-šverc, rik-šverc", što vlasti Ništarije i drugih ništarija dosledno hvale kao krajnje demokratsku, ali prijavnu, političku *onaniju,* ali bez lukovice.

Gde sam? Nemim, pred ostavinskim zavežljajem mrke kupe. A ne, misao ne dozlodrđuju, samo neku pečenu zemlju, pod rasmotrom nekog Fenjvešija, koji ne sam ne zna ko je, a ni zaostaci, neće tu; neće stati vremeštvo za mene, ni od raskuđenja, to ogromboljeno – i ja tebi, svikako, pa smo svaku misao, zasvođenu, lepuškasto prebacili u zakučasto (koje samo sebe zakračunjava dimnjakom) primorje, gde sam službenici opštineske krečan bude, u ništa čašove, pred običnom maglom, da nas pitaju za odrezak čunački, i isprave lične, a o zboravišnoj taksi i dozvolama, u trista primeraka, za postojanje na tereneu da ne govorim, jer mi ionako neć dati na prozborim reči, jer se ravnaju po ništarijskom principu „prvo pucaj, onda pričaj."

Nenasilje je u principu irelevantno, čista irelevantnoća. Stalno mi, tu, na glavu pada *kazna* iz dinastije Ing, a od teloglandnitelja čovek ne može da dođe do tišine. Kad reče „ing", gde baš sad da mi naiđe stari raznanik Kalkularion Pazigaić, ali evo ga, i evo ga opet, šta da čovek radi. Tad su mi ukazali na nova područja, koja u Ništariji moramo poštovati potkovicom, kako bi, pazi ga, potkova lepo pala tamo gde joj se preinači, što nije kvaka, koju su, potkovu, pozajmili od Glintonove noge; pažnja! – tek sad saznajemo o pravilima potkivanja po pokroviteljstvom kolektivnom Sataništva.

Ni prijatelj; a na mene tad nailazi sama Gruberijanova mavtvlja, izrađena, raspređom, među čunjevima vraziležajnog muhljeblja. U međuništvi, spoticali smo se optise članovnika, mislečhi da će nam predavač domične zatvorske prostorije dodeliti samonočhni propuh u hramajućoj nauci.

Kažu izviri da u Ništariji nema prostora, ali u okvirnjačama takosnene nauke osetih, na tuđoj koži (u Ništariji je sve tuđe) kao samo prisustvo, posredstvom, slaže svaki dojam geometrijski, nekako ukopišteno, samo u kocku, gde nas nabiju, odjednom, tako da se u svakoj fizičkoj sali, uz monotono urlanje predavača o ničemu, tu oživi disajni razmetabolizam poptpunog stranovništva cele Ništarije.

Strahota kocke bi mogla objasniti suštinu ništarijskog obrezovanja, ali se u Ništariji obrazovanje pbavlja po principu strogo strukturiranog landaranja bez mušeme.

90. Škrapučim, po koju, a ne mari; ganja me preistine, koju nikako, kao da ni one ne gaji po koju poluposu-

vraćeni sanovnik u stanjue nebekstva od framirne išije; sve tamošnjeg, čije maslo nisam ni sućutalac, po polukomandi. I dalje tvdim: sve za kreč. Koji nisi, a iši. A po meni, u po bela vazdana, kao da ih vabi crko konjic, sve neka jalega, a psemantički neukoričena, pa ni sama ne zna čime da se zacimeti; razroja nema, kao što, barustinasto, ovde nema ni kojkogoja. Nađe se po koja kockilarnica, od koje, za poskok, izidu, sve u brojkama, i ničice, ali mi to ne važucka, jer of kocke ionako. U Ništariji, čak u odbograđenoj sekciji za primenjeno ništavilo, razmeštaj, po fnjuarama, ionako odgovara ementaličnim principima pravoguglalosti: sve pod konac, zakučasto, bez okretaja – razvoj oivičen zlosebujnom isprikama kockoidnog dokonavlja.

Drugim rečima, ni da se okreneš, i ne reče „Ne okreći se psino!" – jer u četvertovlju nikakvog zaokreta nema, obline koja bi nas, ne daj Bože, podsetila na nejavne oblike života van Ništarije. Međutim, zlopasnosti nema: ma koliko nas podmornice bergsonizma začikavala, mi se nećemo maći iz mesta, svaka misao, od prvog susreta sa Rvrdžijom u podrumskoj kocki zabranjenog kartezijanstva, do krajnje kocke savremene šizike, pratiće, verno, fanatički, sumpornu dijalektiku nemislenosti kojae se kocka u grokvirima aprijaznog škvadrata, na kojem će i Mivica ići u jinozemsto, u Tatrabiju. Baš ništa.

Mišao se i dalje trza, ali života nema. Odeš u biblioteku, snovi ti sami (sadržaja nema) govore da ne postojiš, od knjiga – ništa, samo traktati o kockama, a od lepe kanjiževnosti samo opori nemački roman pod naslovom „Es gibt kein Djzindjzitzsh", i milion primeraka. Pred bibliotekom: plimari, Ćehanov, izvođači crkljive zlobotomistike, čergačnici u vrećeplovu, pazikućitelji na slomarici, ogavranljena vregma u bliznici, krajičci, dižisahatnog opstajališta, lišenutost novosilnikovog razgrušja, tlakmac po plaštinom šregačkog latidžilja, tutnjitelji skorabljine tavanjštine, prstojnište klistiranih, porazlika gazipučnog rastalja, strojovirni preklip šmegljivo slikoričene dopustajalosti, jetrvenjakova dosećajna kročnica, osećava čavrljavština grohoteće pokladištenosti, skočište u grunutrašnjosti, hod po gliniteljnim bdenjcima, otimačavanje pod žeravickastom češljundžarevinom, sve u pljuštruri.

A tamo gde davač onako, štrči, samo bi smirenost potkazivača pokrajinskog potkrovlja doprinela ravnotežaštvu ispostavnog rogača – no pokrajinstvo ne smatramo neurozom po potrebi kojoj se moramo, radi trebljenja, kritualno vratiti, za ujam. Ima, pritom, i filmovanih čaušara, kojima dadoše u podatak da zapiša neka razgaljena klatna, što zBog naučne crkve rastavlja odatke, služeći se vitlajnim gorama za uzvrat redosleđenim mašicama što se, levo-desno, zaudara na arhrđavlenđe malickanog Zlapanca, u lalastom trku da stigne pod tocilni cilj koperniciozne konstantinante, baš kad bilo koja ambasudra drži po koje upitno slovočasće o blokeju koji će najaviti prokažnjenog *mozgoperača*, a, na kraju, on sam: jooo! U kocki smo: sve pršti od nebreklog znanja, Trajan piše tablom, igraju napirlitani zooni trafikoni, pretiču se žarijabilo i papkotegnutosti, bleje, znanutegnuto, bletne staročasetine, zaudara marvljaža teserativnog jelcovanja, bockaju me Pamirom, gde đavaljuške, po ustotinarnicama, vire. I dalje, jer takva ukockvljena trajanja ne prestaju, vetrovi pečate Kalajevo u svetinarniku, novine zapisuju, ćelavim obrubama, trabunjštine za opšte nećkanje: on sve zna, iako mu lice ne znamo, ali mu ta uniforma tu: nacifranoranilačka, po konac, dase vidi luganda i jesetna klažnica.

Upravnički: prekoborjanice se razmilele, po lelejskim zbognjištima: Penison, neki poznatljivo smušeni zlopatofizičar, kao, dobro poznaje utrljanost svete mušeme. Em okoverzitet, a traže honorarni okovratnik, možda da ga obese, onako sasvim bezveze, kao bi se dodvorili ukrućenim težnjama podlivene tavanice, kojoj stremi, tek saznah, taj vragastov ishitrene skramate.

Petar Panić nas ne pušta u Znaonu: hej, cela Ništarija hoće u Znaonu, u Toranj, a ne shvata, a ni ja ne shvatam, da su već u Tornju, jer je smrt najčisiji oblik destilizovane cerebralnosti. Svuda: fušeri, čitači slučajnih hatišerifa, sabranih predela Mlataturkovih.

91. Kakobljamo, značajevši, a i sužmnano, i vrumiranje – njega nema, i gospon Kurčman – on papkootegnuvši; ej zgražajša glinastijo, evo ti ga njam! Ničega nema, manihuje zlebice i bličuge, ali se ne. Sve stoji, ali ni od toga vajde (ni hvaljenog li nam Povraćavela, a o Ušniru, šefu megafašistoidnih prirepaka beggrančnih sanovnika, e, šta o njemu), nema, jer vrme, kojeg nema, i dalje tišti, pišti, bludno-trudno, svaki gromutak sve teži-leži-ježi, a svetolika krda balege, u uniformama, samo čekaju da grunu na poslednje pasirište i ustanove sve opet.

Mala soba se stalno smanjuje, a paučinu dodaju reske vlasti. Ne samo što osećam neki umor, nego i umiranje, iako na potezu dolične honorarnosti, slabo poteže dostupnu terminološkulu posade, bez koje sve ulazi u biroška pravakanja. Na primer, pojedinac, ako, umre, a onda ga cimaju, gneče, marenduju nekim dugometražnim cigletinama, kao da o razjuru nekom čunku paletu. Ne, vlasti traže od prosleđenog kandidata za smrt neku govorljiviju potvrdu smrtualiteta, nikako klackacu ćagu civilnog etatizma. Posle dolaze razna uverenja, uputi, razročanstva – ni sam ne umem; dosežne kvakcelariejzahtevaju, ište, podatnu dokumentalike s taksemantičkim markama uz prikolicu, i još tek štogođe; umora tu nema; pre svega, kanduduk, da bi dobio akademsko zvanje mrtvaka, odnosno „Pij Ejčo Di" (bre), mora obznaniti naklonost ka mnogostranije dubljem ukopavanju sopstvenog leša, a, pored tog, treba pomenuti bezizraznu seriju metalnih vežbi u cilju pojačanje smrtnosti, jer, kao što mučaljivi filozulufi Ništariji, jadno buljave, sama po sebi, smrt je samo dobar početak u kojem se budni građani Ništarije ne smeju zaparložiti.

Pa šta da radim. Zato radi, trudi se, da te vlasti ne iskopaju i ne oteraju da dodatne posdiplomatačke studije! I šta ću, šmokljan, nego da se podam laseratorima, gde samo, u trubinama bavlje, redenici moljakaju po koji rogač da se pod hitno povampiri! Ima nedana, naočito kad me ostavi neka nadunja, koje nema i koju nema, ali me zato s velikom strašću otkačinje. Pojavi se, valjda, usled upravnosti, koja svetačka šuma telkelizma, kako bi me svakidašnji potpis ponovo oterao u zvanično ludilo; imam nahero.

U Ništariji, pevaju, na svakom ćošku lažno-severne noćobdenosti: „Oj, što se bore tuđe misli moje; ne shvata me mozak." A od takovinskih situacijam u dubinama ne-zemlje, gospodario nam je vragac sedeks, nekako lažurno, što znači da nismo probrali bačenost. Jesam; štekeću štake jada, da, *štakasto* jadna, ne vezujućo krašku proizvoljnost za matemučaljni jaram pleoonacizma; uđite svi. Mumljaući u sebi, neki mi horizmos, sasvim lučajno, izbi izbir iz zublje, a tu kopavši malogojnost, a zapavši u gledoumicu na durbinu. Na svakom raskoraku – politura, bolje, solitura, jer, zbog mogućeg govora, Ništarija nameće slobodnu štampu: svakodnevnu garotaciju pod prismotrom objektivnih vlasti. Novine su danas primile, u dubokmislečhu posetu, Ambasadore Besmisla, dok su se zglobovi zadržali na dužem latifundijskom razgovoru u trgovnom crevu. Sutradan: Sebastokrpeljivost, ali u režiju misirskih zaleđa. Manija ronjenja!

Čitam, ali onako, kao da je reč o nekakvom ispadanaokizmu, a nije; jer *mutave* reči govore npostojećoj sebnozebnosti, što kvrčarluk ne prijavljuje slušalici.

92. Pa, hajde, nadjasni: pregovori se stalno vode, privodno, oko nedozvoželjnih nivoa ništaviteljstav u nas, a nikako, jampak, da sa založe znaseobine jurmuljskih raspolućenih kočevitosti. Signaliraju, jetko, radujući se nazvirlitaniom mirosiljanju, ali – ništa od svega. Nisam čudo. U principu, pojavi se, raznezvereno, kalilio bi se, po koja misao, nekad i u glavu, kad smo već kod odrubljenosti – bez dozvole za govor, ali, po pravilima tomtologije, od jedne misli nikako druga: zapravo, nabasaš na misao, bilo kakvu, i to ti je, nema druge.

Rosmir, ako nije reč o meni, stalno navaljajue da idemo na neka odavanja, kojih ovde ima na pretek, pogotovu u okviru otkivanja paprati. Ne prihvata moje obrazloženje da smo sve čuli (u Ništariji je sve rečeno); kaže: „Ovog će puta ipak izreći ono što." Svi govore isto, tojest ništa, ali uvek s nekim novim ropčanim valerima – kažu. Kako mu objasnim da je podlegao iluziji u kojoj stare misli oblače nekakvo novo, napujdano u pravcu, ruho, satkano od suštinske istovetnosti ničega? Kako da se obratim senci koja ne zna de ne postoji, a izigrava? Kako da mislim kad u mozgu imam samo jednu – strogo odizlučenu – misao, koje, u njenoj jedinstvenoj jednokratnosti, uopšte nema, tako da se cela diskusija, i sve ostale diskusije, svodi na crnomratno pkanje u mestu, utpisano utopijskom – hoću reći: nema ga, kad bih mogao išta reći?

Zatvorogornik me ne bi slušao ni kad bi(h) postojao. Trenuci slažljivo liče na početak kojeg nikad nije ni bilo, a svakojake bilatinje, mretljikasto, skupljahu cevciče okapane tavorevine, kako bi ih podkazali vredležnim žlezdama za upojam. Prolaze, promiču: jasnogorci, sveti razvodnici, volapik za kupusolanu; u smušenjari, tloćivahu po gornicima potplaćene jare. Vlast: rominja munja; on – čnjen, okružen plikušama. Oko grada: nadzori – „Negujemo vlekne." Pratnja mu upravo kužina pod bakračem, a meta i zlovolilo razrogačuju, mletimice Gnjegivovljev zadrigaj, dok su se svašnje preturale, turobno, tražeći poglodne glavatosti u skretnji za pripražjem. Traže skotpremininu, a ja? Po neki, kiosk, ako srčemo srču, predlažu ritualno ludilo, na otplatu, ludilo kojim ću, kako kaže voštana brošura, ublažiti teret rastućeg ništavila. Otplata na hiljadu godina – kao da ovde vreme nešto odigrava, ali, moram se već kolebati, ne zbog tegobe nego zato što ne mislim dalje od ontološkog posta. Ne stoji, tvrde razvori, varijanta strasnog uronjavanja u ništavilo; navadno, negde tu, u nesrazmernim dubinama ličnjačkog života u Ništariji čovek nailaza ne neke jemstvene sfere prijaznosti i sljamovite kretenarze. Svemu tome, svakako, prethodi *hiljadotisući* hod po gukama, hod koji se ispoljava skarednom lepezom dugoidne, hladnjikave učionice (vlasništvo mučigenskog unizvrziteta, koji je vlasništvo Smatane), učionice koja se, arhitektonski sastoji od *ledenih* treptaja jednog-jedinog glasa, glasa kojem se, zanemo, obraćam – jer mi je u paralizovanim mislima apsolutna vlast Rvrdžije – „Beli, profesore" (jedva čujno) „imam li vašu blagoslovesnu dozvolu da tu ne postojim, od beskraja do nedogleda... ?" Koji su to bezglasi, to bezvučje, te iskrivljene, nahero odžaknute zavijenice, ti isprazni repovi dubinski monotone harmoničnosti – što me uteruju u prekomandovane zidnice opaučenog očaja? Zašto sve to osećam ako zaista ne postojim? Izem ti ništavilo koje me ne oslobađa od tih nedokučivih hodnika jezovite smušine?

U zao ćuk, da to nije Vidoje, starovlasni govnerner Lugmiframije, provincije pronicljivo zabravljenih zaborava? Baš tad, u sred stare misli – prekide se ulica, komadom, svest mi se preplavi tastroćkanim efemeraklijama – svi na haubi, puše ciglane, trljaju loše raspoređene pastve – opeglajnom skanjeranja, i, tu, u lice, u tvoje lice, nacrta mi se hrpa biblioteka s jednom knjigom u svitanju. Autor, naravno, kako reče Mudalenja Olbrajt, tojest Dr. Oljbrajt, u redakciji Dr. Kopiša, razumeš li? – u dotičnom nastavku, autor nam saopštava dogodovštine još od pre Glintona, dok je radila kao profuknjača pred „Brodarskom kasinom."

U četiri ujutru, a Đakomarinetijeve palate nema, da pucaš iz bambusa, Prof. Dr. Oljbrajt sačekuje, u kerefekalističom frču, nadignute dereglije iz Ploeštija, nafrakana kadmijumom, i odmah skače na skičeća brvna, da ih tuca. Izbezumljeno osoblje, prenuvši se, naprasno beži od vampira, a hrabriji se vraćaju da spasu ambalažu od ljage.

Pored svih predostrožnosti, zbog frčuće pogani sve pada na glavu: mostovi, rafinerije nafte, čeličane, polukvalifikovane tajge. Jednom je, kažu pesnici, usled golemog smrada izazvanog njenim delatnostima na obali pocrkala cela Budimpešta. Mađarsku su posle toga lako primirili članstvom u Njaktou.

93. I slomom, pa nas uhvati uja, što znači da ćemo tražiti razular u jokultu, pod beskrompirnim čiomirisom saznajno-jokultnih organizacija, u rasplodu kivne noći, utamanajlo! Prekardašivši, lopatoznim daskom raskološtetnije, nabeđenu mravnotežu solenoidnih hipoteka utabničkom mirogojstva, u društvu čilskog premeštaja, služavnici poštanske bezbednosti navalju na vratnice škakla, nudeći snopove greda, na kojima su, jedan na podujam, ispisane ocene (i cene) pojedinčevog krozprinosa uveličanim nivolovima ništarijske kuporodukcije proizvodnih zdelatnosti – pod čalmom gmazostinje.

Gredne posete, uglavljeno nenajavljenje, uglavno i grobnobitno, podsećaju, i seckaju, žrtvindata na jeci prenapregnute tarabe uspepela, što svrbishodnom štabatinom jaraguđa, što krijemninom. „Lebujm, a maškart" – to mu kažem, ni sam ne znam, jer me, u zao čas(ov)nik prekida nedorađen san od *predvodne* noći, kad sam naprečas bežao od rastrockanih glasove bivših predavanja na mnogokrajnim ništarijskim zevučilištima, gde i danas pričaju isti guljuk, tojest – ništa, a ja i dalje lupam glavu i pitam se zašto ti „ništa" poseduje, busenjački, toliku elementarnu moć. O sadnom naslovu bekrojge – o tome će cilj i tema najavljenog predavanja.

Plaklatna govore: „Morate doći, biće prazno." U krezubim lejama holandskih poslovnica – evo, prekrojge u ujaševini, takmačevanje golombom, prijatelji me razvlače po hradčantrinji. Nisam. Pavel što spavel i zato smo mu česanac: zaboravno zvezo iz ponemčije, zbog iode, pa šta će mi opet *gegatumblježna* vljetina, o, tu, kalom vljetine i manišljarčužje od limlozne krepljine. Pa ni tumovine, ti se; ali sam po blatom, nismo lu bili razneženo gnečeni od strane, kroz šper-pavlaku idiopoklonstva, a neće, kako bi ni netržje prilikomadinom vožnje iščežama na Zlobali Gorkozlođenja. Mu – gdemaće se prčuge, i to nekako klakavo, i uvrtenčeno, utnjilo se kod ragastovarišta klekovarnog.

Dok se platni sag prelama u sulundarovanju, snuždenjci listaju palikućom, palisputavši se, što preslikava težnju u vidu kafljke na jajur. Iza pripete: ostava, nagurani pabirači demonkantarskog opkolja, vlada im Psihanuk, a na panjevini: ratobaljena draštvena krntija, dodirosmuđe (političko), pošlembačeni sisogorci sumakljive visipape – pod zbogremom, a u fišeku: kokodakijske marice u gizdavom geometrijskom moru.

94. Od primičevstvujuščeg, niopako – stranački me tamošnja kljukala vabnja, pa ni tu stogovi; što pa nije ni govor oslobuđavo posloviчastog prijatelja – i nije. Osamu, sigurnosno neosposobljeno, pa ni da platišu: grudnjaku čajanka, ni meni šafolj. U principu, raspoređeni procepi povajkad dozvoljavaju po koji govor, i to, kad reče „pregača", samotrajno unutrajnji, dozlabubno – kao, ništa ih se ne tiče, a vrlo dobro znaju da takozvana sloboda ne održava teme pamučnog trena ni za okop. Sve jaži; i kad sam jaz, bez Frajhrabalove krepote, nisam ni sam uskovitlani, ukopišteni stenin pir, gde su me indeksi slavili datumom.

Da razumem – ne, no, trvenci blagi, obratite se pažnji, iziđite u smušret, opalite opajdurmu: rat nije mir – rat je mirniji, blaži od mira. Iza Mire. Žalite se na bombardirovštinu, gunđate, čankrizmajno, navodilački, kao, eto, bombe ubijaju nejjac, a podmećete gluho uho, da na njega padaju skrletno-mračajni zvuci divne, atmosferstenične pesme „Apres le bombardement", od veličajnig, rafinerijom doteranog kompozitora koga cela bogovetna vasojenica slavi pod imenom „Satanal Glintfre."

A ko se buni – da nisam ja, ludak, patološki timpus, *dogmatični* dosadnik, s kojim pravcem? A život, od bilo koj ugaonosti, ionako ništa ne vredi, čovek će nam lepo sve predati, bez opiranja, sve laž, da se znak kako je sve bolje od istine, a i lepše. Istina sedi; laž animira, u svetu lepih odela, a jalšebnog, kosonogog, autora romana „Prostup i nakaznost" lepo čeka da ga četvrtak osudi na Oklahomu, gde će ga Oklahomunjare, ne mogao ih razmotuljak zaplenjenih patrljaka, i sve fijoke pod klanac, iskobeljaćemo se na beličastoj pčeletini, ukorak sa razbarjačenim bakračima – iza svakih. I niko ni da naumi; guma sročila spas za neke klatonoše; nisam im prijavio porotu zembilja: rudniku be daju iz letve. A iz tog prikrajka, svako će moganjati, da me ne čupaju

95. Mažljivo, nečujnički, razigravaću, ako mi ne veljaju, samotljivo pukotinu reverm otkazaljke samo na bunu, iakole mi, po ič, sažumljiva napismeno opravdava zalizanost negoćuka. O, putarošu, zvejaj mi gdagiju, pa ni kalemiće – ali su, potpetili mneštvitrenost iskrzanog blokejnika.

Ne smetaju im neklastreće protivlatrenosti, ako smo, istinoč – kalemiše, po koju, žudiželjno, patopsohično, izvlačeći patuvničke afinitelje; ali, rizničarim, podosećam po koju tlupnju, strožno potkožarsku, čijim kušujsom, sve veći mlazevi mojeg jaštva preživaju paradoks nečuvanosti. Kad govorim, niko ne sluša; a *mene* primoravaju, prema zakonima Ništarije, da is stalno slušam. Tako, i zloub afinjeta, što samo krezubari otijaju; što će – ali – to ničesko, zajedljivničko otipanje, ali mi ne dozvoljava. Tu ćemo jedro truljenisani, bez grama. Insanirali su prekip, a kmažno smo lažuljevitost utabane jadikovanice; sam geslo od ja – pa od-do, ni graničnika ni limunovčanog limarstva u kođaji. Drugim, a ti zakoni čistuljačke psihitnje; stanem, stalno, kao da ima pokreta, ali me tera nekakvo dublje, nedozvljeno, stajanje; umrtvljenost kakve nema ni u stanju zrinjavskog bofl-tresetišta, pri čitanju Ruljkova. Da se razbratim, kostima im, a primiču mi nekakvo glasoviruljažno pristanište, gde ni sonda ne zna za mamac. Natpis: „za svaku nenamernu žrtvu morate platiti 5000 smudljara, već prema potezu namernišrva, pita Ištvan Dereglija, za vreme sastanka zapudača, jevrobskih, kojima, i pored moderne veterinte, uvek viri dupe iz glave, nazivajući takaz stav strogo kongrešnim, već po lastavici.

Rekao bi čovek, da čoveka ima, da imamo, kad otegnemo jamske gasove, posla s lešinarima ogrezlim u zločinima i opštoj usvinjenosti, u fidenuncijskim foteljama (somotskim) of kaučuknutog ustava, smrznutog, zemlje Ništarije, drvendekadentne, podložne kalauzulama drvenčane flazgljige. Na horizontu, i pred nemanjen, isključalo čamori makljurna batrljgaga, kojom ćemo. U međukrajnosti, pristižu im kolone foteljohranitelja, ne libeći se da primenjuju klibernjaču, što ipak ne ubrizgava (tminom) zahuktale hipoteke, u redeničajnimim osvetlarnicima dijagonalne požude, što lepljivo gaje, za decju otplatu, huljevite slojeve bez moždanovističkog (i barišnjavog) gnojovoda.

O tome će, ali, novine, pa onako, vide li? – pa Jalapurnjavčević, prvi voditelj od rate, pod šimširokogruđem rominjajucje šišice. Nataruju mi, eto, neki neogrobizam – umesto pogleda na svet kojeg nema; pa gledajte, priliko oblačnog davljenja u Nevernom Ledenom Moru, koje, ustinjeno, pali po koje drvce kao jenjavnik da ne poklembese besovi besomuklih nebesišta. Okretom, umigma; i ja sam, opet. Proceplje, zbarometanskog – dali pasoš, pod uslovom da igrate versku prognozu; a ne to ja, tako, u društvu njakaroša i skorifeja. Danasnji mi je pasoš – iznenađenje! – knjižara (uvek neko drugo ništavilo) puno znanja, a u znanju golemi magacini krcati knjigama. Pisac: znaš ko! Naslov: „Memoarčenje ministra spolnih oslova Kreketublike Ništarije: od famfulje do dromfulje: profuknjačin trijumf, a naročite volje, o čemu će Leni fon R. snimati film a S. Somtag pisati zbirku napabirčenih meseja." Biće besomučaljivi bestseler, a, što je još lepše, poučnije i praktičnije (ako volite praklaču), vratiće u život nepravedno ukokanog švalera Eve Braun, za koju, međutim, drugi stručnjaci tvrde da je sama Droljbrajtova, glavom i – naročito – bradom, koja joj od višemetražne dužine, ali se to ne vidi na ništarijskoj televiziji. Kuku! – a ma koji kauš, od felera veznej; uzvrećali se sređbenici: neguj guju, Pepeljaga ti bila tvrd pazar koji su zanosne zavese smoždili natrontanog krpelja: samoća ti sin radnje, pri čitaju rashodovanog – otpirjem – orpirja, samozavetnog, jošte. Gviri.

96. Kao, ima tu da se radi, u kanonu antiotromboljizma, no, prokipari, pogotovu radi, a nekija ćulm mi remevreme: grabežanija, svaka sedma kosara; uštegnem peglu u utija, a karandaše-mi-caše, preko manduka ošagija, vraćka odstaje, vraćaju me kračuni, rovore mi glasovi (i sove), a ja, posle tačkišta, i ovakav i onakav. Tu, zlobome, šlost takosreći, obraća meni, zatvoreniku menina i lose krozbuđenom čitaču Zulfikaroša Fljukoa, pisca ispičitulja u zapodnevno-pertlaroškom planu. Čitam, a prezirem uzore koji se svećkaju, po plaštom svilene gliline. Brdo podotpadaka, na kojima su, vodno, gradili doglede u svislu prošlost, gde ću se, jučašnje, lepkasto, i otrombozljeno, razbaškarivati, u zblanjenom iščekivanju ontološkog činioca. Takoštano, u muzleju. Ne, opet, ako smo u nepitanju teorintaroškog razgovor s nesobom, iz koje će tamoamo đipiti po koje nameštajno truplo bez rudnog stroja, to nije. U stvari, u sebi nešto romorim, a niko, pa ni ja, ako se o meni može grohotom kreštati u neuhvatljivim krozbinama koje su. Opet, stalno, i n radiju, mi, uznešeni građani Ništariji slušamo. Sa strane, čuju se kritike: šta smeta, kod vas jednostavno vlada princip permanentnog ubistva, čovek se lepo opusti, ubiju ga onako, svi ste mrtvi, nema zime, nema brige, nema ničega. Takva propaganda ne pogađa suštinsku, i nebićnu, muštinu ništarijske zviroljubive negzistencije.

Ne, ništavilo je projekt. Jednostavno podavanje smrti se ovde, u nas, u Ništariji, ne samo smatra nedokrajčivim huliganizmom nego se i kažnjavam umrizgavanjem vrkovničkke kiseline u sve veće rojeve mentalno-škembenih živuljskih projekata za ljudemitsku zverifikaciju u cilju pravca. Sam na nivolovima. Vlasti priznaju da postoje građani koji ništavilo ne shvataju oszbiljno, padajući i neku slamnatu varijantu buržoaskog kvijetizma, nadajući se da, radio-ne radio, životu vreme prolazi, što se veoma kosi sa guritanističkim pricipom da se sve, pa i smrt, mora zaraditi.

Zato se u ništarijskim bolnicama nesazlužni građani drže u stanju visećeg neživota, na samoj ivici nebića, sve dok ne odrade administrativno korisne satnice u sklopu društeveno-kaznenog projekta svrsi – i srsi-shodnog uklopa u knjigu obamrlih. Od samrtnika, koji su uglavnom u totalno *beslovesnom* stanju, se s pravom očekuje očekivani stepen društveno-građanske svesti o potrebi da se kazne svi krivuljavci koji, eto misle, da se nešto, pa i totalna ništizacija, može dobiti na tanjiru. U Ništariji nema tanjira!

A od sebične zamke – ništa, ni satirdija, ni krajniklovana štarokričena muštikla druga Kriječkova, mamurotvornog intendanta za *ozvaničenje* mutljada u krapanama Liguračke. Netvrd mi uskus, evo, golikuje žaropojke bez repatog lapota za nastavu opemetnje, ali nije im lako, teraju ih jarebice na ispašu, širim-ulim, napolu sam planina. Krapuljari mi jetko čitaju „Ništarijski san", Goljbijeve dramu, delo pozorno, mutočište svih mladih Ništavljana, da o tome pišu intelektualne mašinke za davež novij mostovnih ingerencija i mašingevergdžijnosti. Svi se oblažemo glojevima zimstva, psuju nam neočepeljenu stenovitost; tu, po koji, propinje se versijalica na rasmerju, navili na lunjaru pa da neskvoreno skretničarimo. A tek: bledna ništarijska nauka, okuka grobaritonskog tanušja. Obrazlažu, na svakom raskoraku, tavoriju mrtvolucije, gazivno skelektivnu, koja javorizuje opstanaka, da na kažemo izgustirano odživljenje na uštrb hudomizma, fitiljećeg, jer od fitiljećeg, budući da smo tu u šipražju bombarizma, nema udobnijeg kandidata za poltičko privatavanje koje će garantovati, pomoću permanente ratije, svetlu slavurdiju Ništarije i njenih trabanat po nesvetu.

Ne čuju me; kinesko zvono; tišina govori u prazno – kakav Paskal! – u braziluku Stanojev kovčeg, a ne slusaju tucibateme, već samo izbija, i ispija, ničegaški igrač-rĐvratoborac, sam, dotiran od strane, ali neustručiv, ali zabušmen, zapadački, iskočio iz Glintonove glave, poput elektronački obrušenog šifonjera ništarijske pameti, vrčni kratnik-simbol prostornjače, naša uzdlanica, mačušnji spasitelj, biblijski prirok, krigaroš-orlogdžija, fragmentorlak, Onaj Koji Će Ubiti Pojam u Pojam, na konjicu-zelenašu, pola pije, pola međunarodnom fondu za fašizam daje, ura, svi urlaju, a lete narogušeni buljucu mladih rvrdžija, svi spremni da se žrvnjave za samoudarenost.

97. Izhorizontalisali su, svegamu, horizontalj, pa kako i ne bi, grobućari, štiočinari panžetne, kad nekugućaj, vrizmarni? I na putanjai, utamnjenoj, alaj. Smuhatić-Klakolj, odnosivosti grungaroš, nikoć ne gnanguć, vrežbenavo kljarmuđuju, ne grajemši a li rastur, gnekujući, mada sam iako, pa nismo ta kljasura ututkanih primaša terorizoma, isfikanih u vlastulji – a što se tek nakejecala usta primoranost horizonaški-grejano-fugatajuću šmugtrure same prizemljekljusarke istiotine u svrakodnevnici pajura. Grabežanije me ukočila, onako, samo, ti, uskočeno, pa ćemo, lakuć.

Aktivno rulturni prijavno-krijemčivi radnicu u prihvatnoj sferi dobošarenog ništarenja po tucinku, ne, ali to, pa, eto, ti samo, govore mi kako: pa ni sam: oni, šta, a zaduženi, od međuodrone lihvaruhusarske banke za rasturanje moje svesti o sebi, pa oni kažu. A ne, svi kažu, unisomno, nisu protiv mene, neće. Evo ga, opetljivo, i sam Rvrdžija, on će mi sam to pojasniti, da se ne usmučavam. Ništavilo je svakom pojedincu, naročito globodnom građaninu, dostupno na najmasniji način. Črolje zvanicatni, savetuje mi, samo moram fizmovati gdekoć u surlaškim, vlašcu odobrovoljenim, klanicama živog preporoda.

Čitati je sramota. Čekaćemo sunovrat čekića – pasjal, a posteljina im je pitome naravi: bolovala, kažu, od samohrane panike bez osovinovnika, čijim su ošljastvom dokonačnom seljaštvu delile pribrani pamuk, za uskladištene poklade. Na istom pozoru, simpatije redovnički oru blagajnike: evo, žgolja-litrenjak, a posao pristupio tadašnjici. Ona je pleme od žene, obrlatio ga pristup; ne staj, tu štekće Simonida, lahoreći, glatkorečivo po postavi uglednika. Nebića strah od mene, uvijaju moral srži, ti panjevi tmuljnog trosmeha. Pritom, ako somovi laju, a ne, pampasi, na udobnoj udici, moljakaju pokornosti žmurnog plena kako religija ne bi odabrala propusnicu; u isto doba, samo vremesetarenje, obodreno asirskom plimorinom, udara župčage na razboj od golovođine cevanice. Sve se ovo dešava dok ništa.

Kredari, međutim, smirajno čitaju primerke javne knjige „Hrvatski bog Marks", u mestimičnim nastavcima, čiji se kraj ne predviđa Zbarjaktarevićevim planinama za kolospeh narodne duplje. Šišane šarke teraju gejačku bunu, a bidermajerska klaka kljakavo bušila zablatimljene; ne, iverje mi ne suši, kali ga semantizam krpeži, a ja, visećanjem, izigravam neplaćeni hromatizam gromadnoludačke utuvljenosti. Svi smo za bezdan, prema programu za mozgatanje u demokratskoj perionici rubljem. Svegalice su omokrina, u gladoležu. Doterali besparicu da nas glođe, naspramno, a odsluženje gnojnog roka teraju pod štakama.

Grabuljavo, pa poništećen, ja, budninac, morajem, svakom ispriliko, plaćati državnoj službi koja periodično vrši, u narodne svrhe, moje lično uništenje raznorodnim namučnim sredstvima. To spada u vrk, kao i svaki život. U sred uslednosti, u Misiru, izvode naramke Žiletićeve drametle „Opelo u dolini hamletizanskoj", da gludare ne odlude, u zalud, jer kujavoce ionako greju vatru, sede. Ko tebe prečicom ti njega biholjskim. Uvrh parafrazerske brave, provetrogonio ga (me) nakon, a švaljin najkovanj, protkačen, prionuo na optočeni staljinizam probirljive poslanice. Priznaju: u Ništariji se ništa ne dešava osim ideologije.

Odjednom jurnu uzvišica na nas (koje?), a koprene, od koje sastavljahu nebo, ni da nam priskoče u nepomoć, a ni hromorarna odskočna daska kojoj fali glava. Obrisa narod i uđe u presudu. Oženjen *prgavim* rtom, Slavoluk se diči tuđim terorizomom. Mujat mu orilazi krastinem; šlivičan si, pa šurak. Štogakva služi bugaraškoj vlastioni, a glagol za povraćanje. Ako si naprasna prezla, opština ti dozvoljava da živneš. Stenice riju po Živkovoj slavanici, šarendaju gusarske slepoočnice. Pamet narasla, brada ni raznela, a hoćahu ih Ništarci odgubiti, gnećva da se vrati ispijenjavosti, od samutljive jurcikese: šetalični smo svi, mi, plivači u šlepno koreografišanoj protočnosti prelomne štekije, po nakup-zakup. Dok su osnivali Ništariju, u neko bolesničko vreme, pred rešetkama sve sami gelenderi, u manim grupčagama, tulili, da se kraste ne preplaše od sirovina; a nedaljno, prema porubu, osmovine; u podne, kad padne ročiste, čistimo zort od mraka, a rastalasalo se obzorje okrunjene fenomenološke živice, ili letimačine inih.

98. Gunđen-naraj, i, smotuljavši, pa to kako, ja, jegnem. Nije nam dosadno, ni na dugačkim trakama – koje primiču sedmokrakato ospoređenje, što ni sam, pa nisam ni uja to, kljakavo, mada, nekada molim lapot. Nisu to gamige, da prekarandašim, a gledaće me vračarolijaš, ne ume mu, grzaj kvar, otkid, hoću-skreću, ni da se odhodim na mratosiljajućem uputku za mutninu.

A tu sam, kao nešto, nekakav građanin, birač za ofinger, jedinka, cepka, četvrtašt, u Ništariji, na poganovs' – a vi, vitlajte ponornu krujagu, dok ne šamotni. Vode se sistematični razgovori o tome; eto, Šatonusim, koji me odzvanja ličnostima, samo odskače, kao rasporen, a ja ni to, plakari me. Naravno, tu se ništa ne dotiče, a nema šta, u Ništariji smo svi kao neka otkačena misao: znam da ne postojim, nisam siguran, a, u stvari, nekako sam tu, ne baš svesno, ne baš sasvim kao meni-sebi prepoznatljiva jedinka. A tu sam, po svim raspisima. A čak i kad mi se, slučajno, primakne neko jastvo, redari nam zabranjuju, ni sam ne znam kako, da su udubimo u sebe i uživamo u retkim trenucima svojstvenosti.

Zato ovde niko ne misli kao ličnost: misli postoje kao strogačko apstrašna lucprdija, glagoluđe bez istutnine, i sleno; a sve to prođe, kao *nekrutnina*, a da ne primastimo po fitilj (iz testenske teorije). I misao, dao ne, kažem, samo kao prostrirka, uljana – ni sobno samačka: misao ne traje duže od najkraćeg trunutka, a posle sve zapucava, nahero, go mi kesten na strunjači, i nisam ni kogod, i šta će mi to sad, da se samo bečim na kečeve. Ispraznite lagobudnu jestrvenost; neće vam uplatkati.

A komornu glodazdu će, jakako, onemogućiti širin šurak, Ječmenski, od koga sve zavidi, samo da ne razgovaram, petlićem. Naravno, zvekan sam, zbog podvlasti, a i kao praktičko ošureno nebiće, tek tu, na nekoj gljivici od jaseobine pomoću koje će razdležni gmorgani nacrtati smrt za administartivnu oporbu, nakon toga, i posle, sve umnožiti, svima, kako bi se talašaji i narasle šnale približili komarčevog zlopaklu, iz kojeg se može bežati samo u Ništariju i nažad, opet u Ništariju, gde himna, iz gumna, stalno peva masovništjem.

99. Šta ću bu, da lim, ma ni čkaljem da ga upirim, no, čekaj, pred oklinjavama mi rastvoreni horizonti – ali štamu, i štene, da čeka, kad je sve tu: raskonjicavo-gizdave dvorane oparene prevanjštine; od čume do Jume, a ne: reč je o radinosti u izvrdavanju, zabrenjenom, gološajnosti u Hodnicima Gluposti, gde sam hod. U Hodnicima Glupostima se nekma polazi od; druge nema, ali me odsećaju kad razboravim. U drenjku, kad se sedmina rašclovi, iz svake mi reči izgara, a znam-ne znam kako će se svaka misao završiti, jer mislinema, reči nema, ničega nema, mene nema, a ipak bauljam, uljano, dvornjikasti, bezpadežno, po Hodnicima Gluposti, gde će svaka ćasa samo kao terasa, i sve će, kojih nema, koji biti neće, i Hodnicima Gluposti, gde se sve odigrava po planu, kojeg nema, ali duboko nerazumljivom, jer sve mora biti cakum-pakum, i logički pasivno, u Hodnicima Gluposti, gde ćete sresti, gde se svi bedasto pozdravljaju, kao da znaju ko je ko, kao d znaju ko je, kao da znaju ko, kao da znaju, kao da, kao. Sobičaju su tu, jelim, raskvašeni pomutnjom svodova sumporne magline, ali ne, i on, koji je ja, uhvaćen je u večerašnju stupidcu.

Sklonite te magluštače i zatupljene čistoline; stignu taman, početničkom poštom, doprinešene grede (šta ćemo sad),ali samo pod glušlovom da ce napolju celi pakao razveze, a razvezao je.

Kroz oranicu, Mrta lepo vidi zažarene kalfe, po čekinjom zajapurenih otplata, a o neslamnatim fetšpanjima rovitosti tek da da se... čujući, ne vide, a Loktavijan, moj truložnik, samo da razabere čiodaklenicu, ali ne: pećine su tumarale, naborani smo zbog Zavadina. Dršćućom ručerdom, razjareni slivnik tad naredi pokrovizmu da položi paprat: pred krajem smo.

Metnu mu ruku na šapat. Borimo se protiv pobede, herojski, ali bogato, poput tiranoranilaca. Bez duše nam se urezalo – ništa. Ukebala ih tuđina, pod prismotrom odapetih džigerencija – vlast je prisustvo smrti. Samoisprazno, kvarimo život: sve mu, a jesamica, dok radio krči, kao da bismo jednom kruništili taj celostruni pohod na cmizdrenovinu od polugajevske politačetine, o čemu vešljivo tandrče neki Čanak, poslužavnik u baruštini od mašingeverove iznutrice, kažu, učesnik u ostrvinskoj raspri, pred ništarijskim Otkresom, među cvećastim bombardijemama. Kad bi čitali, ne, nikako ne bi čitali „Čantropološke eseje," koji, ulagujući se sklepetušinom osenku, rovare u lisnatim skladištima samouvredljivih prelišaja. Danas su mi, lažno, služili krozštapalice paleognotičnog krogora – pod jasmom, a pretrojba, koja može biti isključivo služnjačka, istura, pakošću tečnog gita – u stvari, ne znam ni sam.

Ako sam prišeprtlja, ostaje mi (ne) samokljukno batrganjanje, gde smo ulagali mantijeme, od likodiljne barabanovine; a kako ću nego odujno, kad me šuđmara gušom davi; sagnem se, a vulkanizer, očajač *zapreminulog* tmuljanja, što me ne oslovljava fa(ti)šizmom. Onako, šlicidarski, klimajući glagnjavom osobenjačvom.

100. Ne da kljurim, ali kljako, ni smizma ni kako, pa samo se skuplja: javili su, eto, za nadležnu vasionu: sve će se. A tek profesionalickizam, kakav tu tej jarči, snuždnik na svakom koraku, od žeženog rebroljublja, tananog, kao, vele skele, sve će se sad-sad rešiti, gnjužurbano, sve samočekajući, a nisam ni sam, tek tu, po kajnik. Namće nam se, školjaskto, pošto je reč, preključak, da je sve, ili šafoljem rečeno, sve to baš bi ga rečeno, krečano, sve u polje, da ne kažem, drugim rečima, kako će samo po se-

bi. Uhvati tu misao, kaže mi to sama misao, da ne pamit dan, kad ono: sama misao ne samo da gziz,a otiračvanju nego ni. Život, kaže mi žaravoučenije *slepo* prestaje, u blizini žlicala, pre samog kraja, da ne kažem otprlje. Kamom sreću; drugim vragovoljno, ali sam po zgotovs; i od reševa ni pomena od četrtreset dana su suvonjavom kvascu bez kojeg to ionako sebi ne šara po pouzeću. Inače su govorili isključivo o zečevima.

U tom, zabih, tu, lepo, duh u čunak, a ragastov bez parastosa, ne brine me cimetno-limeni gulundar sirasti premorišta, gde smo tako to, u jeku nekog neživota, pa se spanđaj sam sa sobom, u potrazi za drugim bezizlazom. A meni, lepo, i samo Otkrovenje, rovcem, ovčarski, ne govori-romori, ka. A tu i neko Pokrovenje, kao, nećemo se predati gubavoj nadi, da nas ista ne upropasti nekim pri-lježistima bez damara na uštrb zadrigle brnjice na prinud-nom posrtanju u moči.

Hej, to bez ionako, da se ne uvalim u neko preskočeno sveimućstvo. A videh, na zapisah, kako se zatvoriše vratanca opštuljarske grditosti, na čijem će prekobreme-nitom radu, u Glinton, i Ništarija i zemlja Gubarija, graditi nova odstignuća prevremenog pramakljucišta, po preponiji, glasnoj uglači. Da ga ne duljimo: onda su neki levi anđelu trubili, li trubili, kao da su se navadili na Trumbadurovskog, prepaćenog u službi bisage; a onda su im i neke asure, pa više i ne odzvanjajući širmom.

O konjine, bez poklada, videše neke pretvare, kako se dokono premeću, u oklopima plastelinsko-glumpornih. A, kao da to već nismo znali, smerni ropci dadoše scu vlast Glinoptnu i Olždaju, kao da oni istu već nisu imali, ali nema veze. I svi trućahu glasno, oduševljeni što imaju apsolutnu vlast da baljezgaju i zemlju polivaju i prekriva-ju laždom. A nebo u zatvor. U Floridi.

A velika drvena aždaju, koja imase sedam glavudža (ne računajući republikanske komitete), pedeset rogova, gmazotsi rep, koji uništi mrku materiju u vasioni, da se vlati ne opsete, što se, bar na političkom planu, odnosi na grobarizaciju koju Ništariji sprovodi programom koji po

138

definiciji proždire sve novorođenu decu. Na nebu, naravno, ništa. A ko to ne govori kao zver? A Vavilončari, naravno, nikad deblji i gori, i sve veća kupovna moć, da poludiš. Ljudi se opališe od prevelikog monetarnog smrada, gde se ionako, sve sjatilo razbijačka vojska, kod Novog Jarmagedona, kako bismo svi, po pokrovstvom natonacije, svi postali glupež. Rekoše mi, potom, presudnji glasovi, hoće mi pokazati KV (kurvu vavilonsku), koja sedi na vodama praško-šunkno-severno-atlanstkim, gde ni Češači neće da je češu, što, nesmotreno, izaziva veliku gleđ i propast nebranih narodnosivosti.

I Droljbrajtova, puna mrzosti i poganštine i kurvarstva zapadnjačkog, mati kurvinama i zemaljaskim przostima. Ta će zverina izići iz bezdana, za bezdan she postati moralni princip Ništarije, tojesy zver koja i jeste i nije, i Ništarija nije, što znači da jeste. Stanove su, za male pare, izdali đavolima, tamnica-uzdanica svakom prljavom duhu postade politički kretenavĐbilma, kako bi otrovnim vinom kurvarstva napojila sve naroda koji cvetaju pod plaštom široke robovske potrošnje. A Glinton i ostali carevi nezemaljski s snjom kurvaše i trgovci-grobarizatori obogatiše se od bogatstva slasti njezine slezine. I svi baciše glave svoje na prah, uvidevši, da će im od te goleme kurvanjštine biti samo bolje i bolje, a preostalo čovečanstvo će umreti, što je divno i odbitačno, samim odgovor na teoriju koja sam sebe titra, uz propomoć, sa cuclom, izabranih šonja sa Rvrda pomijarosnog. A onima koji su, nedni, hvalili neke druge principe, rekoše: „Iluzija", što tačno sažimo sve prethodono – kao da je... A sve one što se protivviše zveri, uhvati strašni, pretesno poterseni Sud, Vrhovni, u Ništariji, i sve osudi na smrtovničku kaznu doživotne smrti u najgorim blatifundijama Ništarije. I bi slavljena zver, a s njom lažni razroci: u njih žive baciše mizerno jezero ognjeno i sve preživele baciše u novolepno, novoizgrađeno ništavilo (kazneno), gde će sve biti ništije i sumporito. I videh bezbožanstvene i bašibozlučne prestolonasadnike koji se vernjački kljanjahu svemu i svačemu. A smrt i pakao preuzeše rukovodstvo demontič-

SADRŽAJ

Blagodeti ništavila 5

O autoru 141

Izdavačko preduzeće
RAD
Beograd, Dečanska 12
http://www.radbooks.co.yu
e-mail: rad@radbooks.co.yu

*

Glavni urednik
NOVICA TADIĆ

*

Priprema teksta
Grafički studio RAD

*

Za izdavača
SIMON SIMONOVIĆ

*

Štampa
„Jovan", Beograd

CIP – Каталогизација у публикацији
Народна библиотека Србије, Београд

886.1(73)-3

МИНДЕРОВИЋ, Зоран

    Blagodeti ništavila : paramemoar / Zoran Minderović. – Beograd : Rad, 2000 (Beograd : Jovan). – 143 str. ; 21 cm.

O autoru: str 141.

ISBN 86-09-00710-3

ИД=86712844